JK, ESTADOS UNIDOS E FMI
da súplica ao rompimento

CONSELHO EDITORIAL
Ana Paula Torres Megiani
Eunice Ostrensky
Haroldo Ceravolo Sereza
Joana Monteleone
Maria Luiza Ferreira de Oliveira
Ruy Braga

JK, ESTADOS UNIDOS E FMI
da súplica ao rompimento

Victor Augusto Ferraz Young

Copyright © 2014 Victor Augusto Ferraz Young

Grafia atualizada segundo o Acordo Ortográfico da Língua Portuguesa de 1990, que entrou em vigor no Brasil em 2009.

Edição: Haroldo Ceravolo Sereza
Editor assistente: João Paulo Putini
Assistente acadêmica: Danuza Vallim
Revisão: Felipe Lima Bernardino
Assistente de produção: Camila Hama
Projeto gráfico, capa e diagramação: Ana Lígia Martins

Este livro foi publicado com o apoio da Fapesp.

CIP-BRASIL. CATALOGAÇÃO NA PUBLICAÇÃO
SINDICATO NACIONAL DOS EDITORES DE LIVROS, RJ

Y71j

Young, Victor Augusto Ferraz
JK, ESTADOS UNIDOS E FMI: DA SÚPLICA AO ROMPIMENTO
Victor Augusto Ferraz Young. - 1. ed.
São Paulo: Alameda, 2014
196p. ; 21 cm

Inclui bibliografia
ISBN 978-85-7939-303-7

1. Fundo Monetário Internacional.
2. Dívida externa - Brasil. 3. Política salarial - Brasil.
4. Brasil - Política econômica. I. Título.

14-16911 CDD: 336.34350981
          CDU: 339.72.053.1(81)

ALAMEDA CASA EDITORIAL
Rua Treze de Maio, 353 – Bela Vista
CEP: 01327-000 – São Paulo, SP
Tel.: (11) 3012-2403
www.alamedaeditorial.com.br

À Malu

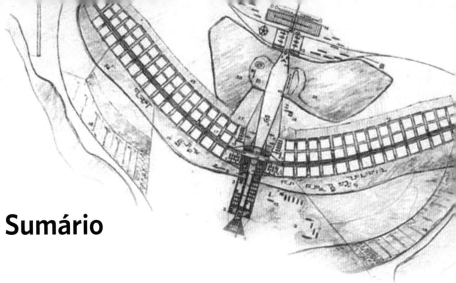

Sumário

Prefácio	9
Introdução	13
Capítulo 1 – O Capitalismo Pós-Segunda Guerra	17
O Pós-Guerra e a Hegemonia dos Estados Unidos	20
A Guerra Fria e as Políticas de Contenção do Comunismo	25
Recuperação Econômica do Pós-Guerra e Concorrência Oligopolística	28
Conclusão	37
Capítulo 2 – Os Interesses Norte-Americanos no Brasil	39
O Novo Enquadramento da América Latina e Brasil à Política Externa dos Estados Unidos	41
As Matérias Primas Essenciais	50
A questão do Petróleo	57
A Contenção do Comunismo	63
A Abertura Comercial	79
Os Investimentos Diretos no Brasil e a Concorrência Oligopolística	83
Conclusão	94

Capítulo 3 – O Interesse Nacional Brasileiro e as Relações com os Estados Unidos e o Fundo Monetário Internacional   95

O Interesse Nacional e a Opção pelo Processo de Industrialização no período Vargas   98

O Interesse Nacional e a Opção pela Continuidade do Processo de Industrialização no período JK   111

O Plano de Metas   117

Financiamento Externo e Relações com os Estados Unidos e FMI   126

Conclusão   154

Conclusões Finais   155

Tabelas   157

Texto original das notas traduzidas   161

Arquivos Consultados   181

Bibliografia   183

Anexo   191

Agradecimentos   193

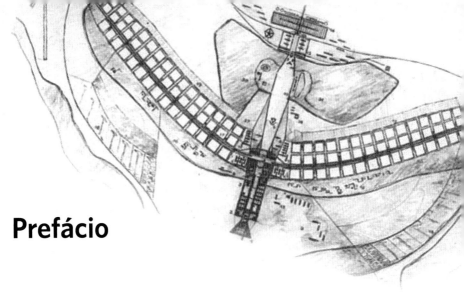

Prefácio

Em 24 de agosto de 1954, Getúlio Vargas se suicidava acusando o imperialismo dos EUA, filiais estrangeiras e seus aliados internos pelas resistências que enfrentara ao projeto de industrializar o país. O suicídio mudou o cenário político nacional e colocou a oposição golpista (UDN e militares conservadores) na defensiva, abrindo caminho para a votação expressiva em Juscelino Kubitschek e João Goulart nas eleições para presidente e vice-presidente em 1955. Mais tarde, JK diria que provavelmente não seria eleito sem o derradeiro lance político de Vargas.

A carta-testamento de Vargas aludia às relações tensas com os EUA, provocadas pelo projeto de industrializar o Brasil e limitar as remessas de lucros e as atividades de filiais estrangeiras em ramos estratégicos, como energia elétrica e petróleo. Quando o governo brasileiro perdeu o trunfo nas negociações com os EUA (o monopólio de certos minerais estratégicos), o governo Eisenhower resolveu denunciar o acordo de transferência de recursos que havia sido negociado no governo Truman e que dera origem à Comissão Mista Brasil-Estados Unidos. O argumento é que o Brasil deveria facilitar a entrada de filiais estrangeiras ao invés de esperar recursos públicos para apoiar sua industrialização.

O problema é que, dada a estrutura da economia brasileira, sua inserção subordinada na divisão internacional do trabalho e o sistema de poder local, que inviabilizava maior concentração de recursos pelo governo – PSD e UDN eram contrários à reforma tributária progressiva, por exemplo –, a industrialização capitalista brasileira dependia de financiamento e tecnologias estrangeiras. Com novo ciclo de queda dos preços do café iniciado em 1954, o Brasil estava à beira do agravamento de uma crise cambial que podia estrangular o funcionamento normal da economia, para não falar do plano de industrialização. O governo dos EUA sabia disso e buscou tirar proveito da dependência externa brasileira, exigindo, por exemplo, que Vargas vetasse o projeto de monopólio do petróleo para a Petrobrás em troca de novos recursos.

Não surpreende que o governo Vargas tenha reagido à crise cambial e diplomática com os EUA, procurando tecer laços com a Europa. As comissões mistas criadas com países europeus seriam essenciais para o esquema de financiamento externo e obtenção de tecnologias durante o Plano de Metas do governo JK (1956-1961), assim como para a atração de filiais japonesas. O acirramento da concorrência intercapitalista entre corporações estadunidenses, europeias e japonesas é também fundamental para explicar o *boom* de investimento externo que caracterizará a industrialização pesada no Brasil.

Ao invés de recursos de governo a governo, maior controle nacional sobre a destinação dos recursos externos e mais demora e incerteza para dominar tecnologias com autonomia, o Plano de Metas recorrerá à associação de empresas privadas e estatais nacionais às filiais europeias e japonesas que buscavam responder ao "desafio americano" sobre o mercado mundial, invadindo, por sua vez, mercados quase cativos das empresas estadunidenses, como no Brasil. O controle sobre os investimentos e o domínio nacional sobre as tecnologias seriam menores no salto de "50 anos em 5", mas se assegurava a transição de uma economia agrícola para a industrialização pesada, articulada aos destinos da concorrência entre grandes corporações estrangeiras em um cenário, em meados da década de 1950, de vulnerabilidade externa estrutural do Brasil.

Essa associação externa não eliminou os problemas cambiais do país e a interferência dos EUA sobre o modo de resolvê-los, sobretudo por meio das instituições multilaterais que controlavam: o Fundo Monetário Internacional e o Banco Mundial. Baseado numa ampla e profunda revisão documental em pesquisa de mestrado realizada no Instituto de Economia da Unicamp, Victor Young busca, com verve e rigor, mostrar a tensão remanescente nas relações entre Brasil e Estados Unidos no governo JK.

Revela-nos, por exemplo, que o governo Eisenhower preferia que o Brasil não se industrializasse e, portanto, não tomaria iniciativas que facilitassem tal projeto. Não pode, contudo, evitar que seus aliados subordinados, particularmente Alemanha e Japão, se associassem ao governo brasileiro no Plano de Metas. Ademais, preferia que o Brasil permanecesse no bloco ocidental, ao invés de ser forçado a aprofundar alianças com a União Soviética como fariam, na prática, vários países do chamado bloco dos não-alinhados do Terceiro Mundo constituído na Conferência de Bandung em 1955. Isso, de todo modo, era muito improvável dada a estrutura de poder no Brasil.

O relato do rompimento com o FMI e o programa de estabilização que este exigia em 1959 é primoroso na interpretação de suas causas e efeitos. Naquela conjuntura, o país ainda tinha alternativas de financiamento que jogavam para frente seus desequilíbrios externos. O mesmo não poderá ser dito, pouco tempo depois, do governo João Goulart, que sofrerá boicote financeiro internacional coordenado pelos EUA com consequências gravíssimas sobre a economia e a estabilidade política brasileira.

É esta história, ambientada na tensão dos "anos dourados" da década de 1950, que Victor Young reconstrui com rigor conceitual e fundamentação empírica, apoiado em fontes primárias até então inexploradas. Suas referências conceituais e empíricas são tecidas em quadro amplo, em rede complexa de mediações entre processos políticos, econômicos e sociais, locais e mundiais, como na boa tradição do Instituto de Economia da Unicamp.

Pedro Paulo Zahluth Bastos
Professor associado (Livre Docente) do Instituto de Economia da Unicamp
e ex-presidente da Associação Brasileira de Pesquisadores em História Econômica
(ABPHE)

Introdução

Este livro origina-se de um trabalho de dissertação na área de História Econômica, defendido em fevereiro de 2013, no Instituto de Economia da Universidade Estadual de Campinas (IE-Unicamp). Baseou-se, principalmente, na análise de uma vasta documentação oficialmente desclassificada, proveniente do Departamento de Estado e da Agência Central de Inteligência (CIA) do governo dos Estados Unidos da América. A maioria dos documentos (em microfilme) foi comprada pelo Instituto de Filosofia e Ciências Humanas (IFCH-Unicamp) do Arquivo Nacional norte-americano (*The U.S. National Archives and Records Administration – NARA*) e alocada no Arquivo Edgard Leuenroth do próprio IFCH. Outra parte dos documentos foi pesquisada nos sítios da internet do próprio Departamento de Estado e da CIA, que ali disponibilizam parte de seus arquivos conforme a lei local de desclassificação de documentos de 1966 (*Freedom of Information Act – FOIA*). Tentamos pesquisar documentos diplomáticos no Brasil, porém, depois de algumas consultas e preenchimento de formulários, a estes não nos foi dado acesso ou indicado onde poderiam ser encontrados. Dado o grande volume de material norte-americano já disponível (aproximadamente 20.000 páginas) e a necessidade de atendimento aos prazos para uma dissertação de mestrado, consideramos que a análise do que tínhamos, associada a uma revisão bibliográfica, já seria suficiente para se fazer uma discussão plausível a respeito de nosso tema.

Os diversos trechos transcritos diretamente dos documentos oficiais norte-americanos foram traduzidos para o português de modo a facilitar a leitura aos que não dominam a língua inglesa. Para aqueles que desejarem ler os originais das transcrições, estas também estarão disponíveis no final deste livro ou, conforme o caso, nas próprias notas de rodapé da página em que são citadas. Temos a intenção de permitir ao leitor que faça sua própria análise, caso tenha dúvidas quanto ao que foi convertido para o português. Salientamos que nestas traduções privilegiamos o sentido das frases em seu contexto, ao invés de realizar mera troca de palavras ao pé da letra.

Baseados, desta maneira, em fontes primárias que, até o momento, consideramos terem sido pouco analisadas sob o enfoque histórico econômico, buscaremos contribuir para a interpretação do desenvolvimento industrial brasileiro no período da gestão de Juscelino Kubitschek (1956-1961). O aspecto que elegemos para abordagem desse processo é o que se refere ao financiamento externo dessa industrialização, especialmente naquilo que se relacionou aos pedidos de empréstimo junto ao governo dos Estados Unidos. Entendemos que, nessa época, o país buscou complementar a industrialização, constituindo novos setores produtivos, visando à substituição de importações. O Brasil, assim como outros países periféricos, ainda dependia em grande parte da exportação de produtos primários para que pudesse atender às suas demandas comerciais externas. Portanto, para que alcançasse o objetivo de tornar-se um país industrializado, galgando posição menos subalterna na divisão internacional do trabalho, grande volume de capital e tecnologia forâneos seriam necessários.

A partir das experiências de planejamento econômico vividas durante o governo de Getúlio Vargas, constituir-se-ia novo plano para a racionalização dos recursos e ações do Estado nacional brasileiro. Foi elaborado, desta maneira, o Plano de Metas, que, além de canalizar os recursos disponíveis internamente para as áreas eleitas como prioritárias, necessitaria de significativo suporte financeiro internacional. Aproveitar-se-ia, para isso, dos capitais estrangeiros que poderiam vir na forma de investimentos externos diretos, dado que havia um processo de concentração e internacionalização da produção que ocorria com maior intensidade nos países mais desenvolvidos industrialmente e que, naquele momento, desbordava para a periferia. Recorrer-se-ia também em volume significativo a capitais emprestados de médio e longo prazo e, quando não disponíveis, àqueles de menor termo.

O financiamento externo para os projetos de desenvolvimento econômico e para os recorrentes déficits no balanço de pagamentos que ocorreram no país naquele momento é o ponto em que esta pesquisa tentou centrar esforços para trazer à tona algum tipo de elucidação, pois é nesta relação, entre proposta de desenvolvimento econômico e possibilidade de concretização, que muitas decisões brasileiras estariam submetidas ao prévio consentimento dos Estados Unidos. Este país, nos anos do governo JK, era o que detinha a maior parte do poder financeiro mundial, e, portanto, mesmo que o Brasil conjecturasse e implementasse alternativas de financiamento bem sucedidas, não teria, pelo volume de recursos de que necessitava, como deixar de pedir à potência líder do mundo capitalista empréstimos fundamentais. Consegui-los, por sua vez, implicava, na maioria das vezes, abrir mão dos objetivos perseguidos.

Tomando em consideração esta sucinta problematização, decidimos abordar o tema primeiramente fazendo uma contextualização do período trabalhado, verificando quais os movimentos políticos e econômicos que articulavam o cenário em que se inseria o projeto de industrialização brasileiro e quais eram as principais mediações entre as mudanças que ocorriam no plano mais geral do desenvolvimento econômico capitalista global e aquelas que vinham ocorrendo de maneira mais localizada. Ou seja, procurou-se identificar como o sistema capitalista do pós-guerra vinha se remodelando e quais suas relações com as modificações político-econômicas que ocorriam dentro de países periféricos, como o Brasil. Entendido o funcionamento engendrado pelos novos desdobramentos do sistema capitalista, buscamos verificar como o participante hegemônico dessa nova ordem se comportou em relação a outros protagonistas do sistema: no nosso caso, o Brasil.

No segundo capítulo, analisa-se como se articularam os interesses norte-americanos na América Latina, acentuando-se o foco sobre Brasil. De modo diferente daquele com que tratavam os países do centro – Europa e Japão, principalmente –, os Estados Unidos, de um modo geral, relegavam aos países abaixo do Rio Grande as funções de produção e fornecimento de matérias primas, além considerá-los apenas mercados consumidores para seus produtos finais. A ajuda financeira para aqueles que almejavam a industrialização, dessa maneira, seria bem mais escassa do que aquela que acorria para os outros centros capitalistas, e, quando concedida, exigia-se, em troca, que muitos dos interesses norte-americanos fossem atendidos.

O terceiro e último capítulo trata das propostas que tinha o Brasil para seu próprio desenvolvimento econômico industrial a partir de uma descrita coalisão político social, que entendemos definidora do interesse nacional naquele momento. No que se refere ao financiamento externo para a consecução desse interesse, procuramos identificar os obstáculos que se interpunham ao Brasil e em que medida os norte-americanos, em função de seus objetivos na região, condicionavam o intento brasileiro. A partir daí, buscou-se compreender as relações políticas e econômicas de dependência e verificar quais foram as opções escolhidas para que se conseguisse cumprir com o principal objetivo brasileiro na gestão de JK, ou seja, o Plano de Metas.

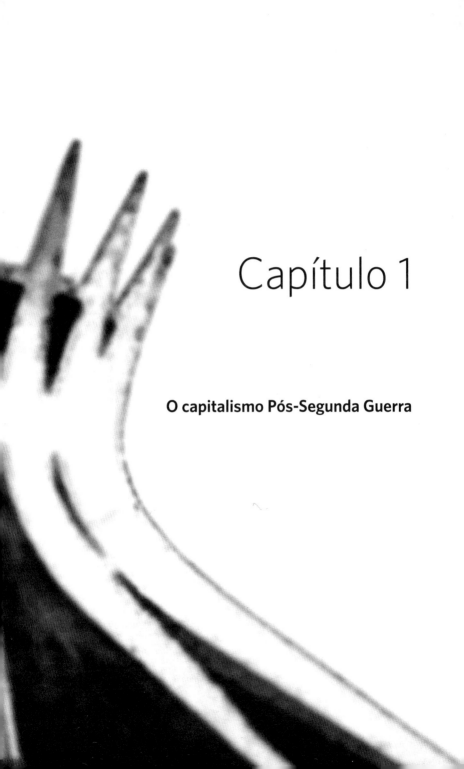

Capítulo 1

O capitalismo Pós-Segunda Guerra

Neste capítulo, pretende-se fazer uma breve apreciação em relação ao período histórico sobre o qual se desenvolve o presente trabalho. A gestão presidencial de Juscelino Kubitschek (1956-1961) situou-se exatamente no momento em que, depois de dois conflitos mundiais entremeados pela Grande Depressão dos anos 1930, as principais nações industriais da Europa não comunista e Japão alcançavam crescimento econômico singular ao recuperar-se da devastação provocada pela última guerra (1939-1945). Os Estados Unidos, por seu turno, que tivera seu território e indústrias poupados dos embates bélicos,[1] ocuparam a posição de potência hegemônica no plano político e econômico do mundo capitalista.[2] Conforme Hobsbawm (1995, p. 254): "[Os EUA] Não sofreram danos, aumentaram seu PNB em dois terços e acabaram a guerra com quase dois terços da produção industrial do mundo". Em 1950, possuíam em torno de 60% do estoque de capital de todos os países capitalistas e produziam por volta de 60% de toda produção daqueles (*Ibidem*, p. 270). Além disso, os ataques atômicos à Hiroshima e Nagasaki já haviam mostrado em que patamar

---

1 Com exceção das ilhas do Pacífico, principalmente Havaí.
2 Conforme Arrighi (1996, p. 27): "O conceito de hegemonia mundial (...) refere-se especificamente à capacidade de um Estado exercer funções de liderança e governo sobre um sistema de nações soberanas".

estava sua superioridade militar.[3] O capitalismo remodelado sob a liderança dos Estados Unidos, no período da Guerra Fria, em que os capitais de diferentes nacionalidades retomam a concorrência pelos mercados, tanto no centro quanto na periferia do então mundo "livre", é o cenário em que países subdesenvolvidos como o Brasil buscavam inserir-se como nações industrializadas.

O Pós-Guerra e a Hegemonia dos Estados Unidos

A hegemonia norte-americana, nascida no fim da Segunda Guerra, assentou-se na medida em que aquela nação dava respostas à nova conjuntura mundial que se conformava ao término do conflito. A posição de liderança na restauração do sistema interestatal por meio da instituição da ONU (Organização das Nações Unidas) e de outras organizações internacionais, como o Fundo Monetário Internacional (FMI) e o Banco Internacional para Reconstrução e Desenvolvimento (BIRD),[4] difundiu a percepção junto aos outros Estados de que o interesse dos EUA representava o interesse geral das outras nações (ARRIGHI, 1996, p. 66-67). O poderio militar, a influência internacional de suas empresas e o controle sobre a liquidez global, por sua vez, alçaram ainda mais a vantajosa posição daquele país em relação aos seus pares.

No que se refere ao desenvolvimento bélico norte-americano, tanto suas capacidades convencionais quanto as de produzir e lançar armas nucleares cada vez mais potentes e avançadas foram amplamente expandidas após a Segunda Guerra Mundial. O temor criado pelo "perigo comunista" permitiu que o "complexo industrial-militar",[5] erigido durante na época do conflito

---

3   A partir de 1949, a União Soviética tornar-se-ia a única potência capaz de contrastar o poderio político e militar norte-americano. Os dois países, contudo, reservaram-se as suas respectivas áreas de influência, evitando um conflito que poderia levar o mundo à autodestruição (HOBSBAWM, *op. cit.*, p. 224-227).

4   O BIRD, juntamente com a AID (Agência Internacional de Desenvolvimento), incorpora o Banco Mundial. Disponível em: <http://web.worldbank.org>. Acessado em: 06 de Janeiro de 2013.

5   Termo cunhado pelo ex-presidente norte-americano, Dwight Eisenhower, em seu discurso de despedida em janeiro de 1961.

mundial, fosse perpetuamente estimulado (HOBSBAWM, *op. cit.*, p. 232-233), mantendo, no mundo capitalista, além da supremacia econômica, uma desproporcional superioridade militar.

A expansão internacional das plantas produtivas das empresas norte-americanas para outros países já industrializados e para a periferia também foi um reflexo da extensão do prestígio e da preponderância política norte-americanos no exterior. Gilpin (1975, p. 138-139), por exemplo, argumenta que o governo dos Estados Unidos frequentemente utilizou as empresas multinacionais como instrumentos para a consecução da sua política externa.[6] Considera ainda que estas firmas, por um lado, ajudam a financiar o balanço de pagamentos dos EUA, através de suas exportações e do envio de suas rendas para este país, consolidando ainda mais a posição hegemônica deste (*Ibidem*, p. 139-140). Além disso, transferem o comando de importantes parcelas dos setores industriais em que se inserem para as mãos de cidadãos norte-americanos (*Ibidem*, p. 15). Michalet (1984, p. 252), por seu turno, considerando a quantidade superior de empresas multinacionais daquele país em relação a de seus concorrentes, salienta que "a importância numérica das EMN [Empresas Multinacionais] americanas reflete a dominação dos EUA sobre a economia mundial".[7]

Ao mesmo tempo em que fortaleceram a influência dos Estados Unidos, estas firmas se utilizaram destes para seu próprio benefício, como fizeram ao pressionar o governo norte-americano a negar ajuda aos países que nacionalizassem os bens de estrangeiros sem um pagamento "justo" (*Ibidem*, p. 143). De acordo com Arrighi (*op. cit.*, p. 71):

> O livre comércio ideologizado e praticado pelo governo dos EUA, em todo o período de seu predomínio hegemônico, tem sido, antes, uma estratégia de negociação intergovernamental – bilateral e

---

6   Podemos citar, por exemplo, o uso político dessas empresas no sentido de coagir outros Estados ao provocar algum tipo de restrição, como a proibição às empresas multinacionais norte-americanas de vender a países considerados inimigos pelo governo norte-americano (GILPIN, *op. cit.*, p. 144-145).

7   Em 1950 eram 7,5 mil as filiais de empresas norte-americanas, passando para 23 mil em 1966 (HOBSBAWM, *op. cit.*, p. 273).

multilateral – sobre a liberalização do comércio, visando basicamente abrir as portas das outras nações aos produtos e às empresas norte-americanas.

Coutinho (1975, p. 387) salienta ainda que os vários Estados de origem dessas empresas são frequentemente manipulados pelos representantes dos grandes oligopólios. Gilpin (*op. cit.*, p. 143-144), neste sentido, nos dá o exemplo de que nos Estados Unidos, por exemplo, há leis que permitem créditos fiscais (*tax credit*) e renúncia temporária de tributos (*tax deferral*) aos capitais investidos no exterior. Entidades de trabalhadores norte-americanos questionaram os órgãos de Estado quanto à necessidade de tais financiamentos por parte do governo, solicitando, inclusive, a eliminação dos benefícios. Todavia, enquanto o Estado deliberava sobre nova lei contra tais subsídios,[8] – que estariam promovendo a transferência para o exterior de setores produtivos e de seus respectivos postos de trabalho – *lobbies* muito bem financiados por essas empresas atuaram junto ao Congresso e ao Executivo daquele país e impediram que a proposta seguisse adiante.

Em suma, o vínculo entre os grandes grupos empresariais e o Estado norte-americano traduziu-se externamente pelo apoio diplomático e até mesmo pelo eventual uso da força militar em prol dos interesses privados (MICHALET, *op. cit.*, p. 116). A intervenção da CIA (Central de Inteligência Norte-Americana) no Irã contra o nacionalismo petrolífero do então primeiro ministro Mossadegh e a favor da derrubada de seu governo, em 1953, foi um caso notório de apoio às empresas petroleiras dos EUA. Uma das faces mais importantes da hegemonia norte-americana, no período, era, portanto, a do interesse dos grupos industriais. Por um lado, o Estado se aproveitava destes para melhor projetar sua influência; por outro, as empresas a este recorriam quando necessitavam de um defensor capaz de se contrapor às eventuais resistências que outros governos lhes opusessem (MICHALET, *op. cit.*, p. 141 e MARTINS, 1975, p. 43-44).

---

8 Projeto de Lei conhecido como *The Foreign Trade and Investment Act of 1973* (GILPIN, *op. cit.*, p. 143).

No que se refere às grandes empresas multinacionais em si, estas fizeram parte, a princípio, de um movimento de concentração e integração vertical das grandes corporações que se expandiu para o exterior em busca de menores salários, mercados de consumo e recursos naturais, ou seja:

> Mediante a integração vertical e a centralização das tomadas de decisão, a corporação multinacional procura perpetrar a sua posição predominante em relação à tecnologia, acesso ao capital, fontes de abastecimento ou qualquer outra coisa que lhe possa proporcionar vantagens competitivas ou força no mercado (GILPIN, *op. cit.*, p. 10).[9]

Coutinho (*op. cit.*, p. 108-109) afirma que a multinacionalização foi uma das formas que as grandes empresas encontraram para escapar ao protecionismo alfandegário dos outros países pela produção direta nos seus respectivos territórios. Salienta ainda que, originárias de países com alto grau de desenvolvimento industrial, onde os mercados internos são altamente oligopolizados, ou seja, em que as barreiras inter-setoriais à entrada em outros ramos dificultariam a diversificação do capital, a opção mais atrativa para seu crescimento foi a expansão para o mercado exterior pela implantação de novas fábricas.

Michalet (*op. cit.*, p. 249-250), sem, contudo, deixar de dar relevância às diversas motivações empresariais para a internacionalização das indústrias, afirma que o principal elemento a ser considerado em relação à multinacionalização é o de que: "(...) a estratégia das EMN [Empresas Multinacionais] e suas estruturas operacionais reproduzem o próprio movimento de internacionalização do MPC [Modo de Produção Capitalista]". Ou seja, sua lógica foi a de deslocar o processo de extração da mais-valia para o exterior ao invés de realiza-la através da circulação internacional de mercadorias, isto é, por meio de exportações. Portanto: "As disparidades de salário [entre uma região e outra do globo] parecem constituir o elemento

---

9   Tradução do autor. No original: *Through vertical integration and centralization of decision making, the multinational corporation seeks to perpetuate its predominant position with respect to technology, access to capital, sources of supply or whatever else gives it competitive advantage and market power.*

preponderante (...)" (*Ibidem*, p. 169).[10] Daí, considerarmos bem estabelecida a afirmação de Arrighi (*op. cit.*, p. 73) quanto "(...) a centralidade do investimento direto, e não do comércio, na reconstrução da economia capitalista mundial desde a Segunda Guerra".

Quanto às questões financeiras internacionais, a dominância norte-americana ao fim da guerra se deu primeiramente pela posse de aproximadamente 70% de todas as reservas de ouro do mundo, o que permitiu que os EUA desfrutassem do monopólio da liquidez internacional e do poder que daí emanava (*Ibidem*, p. 284). Isso se mostrou um dos fatores decisivos para que a então nova configuração do sistema monetário internacional fosse determinada sob a liderança norte-americana.

> No sistema monetário mundial criado em Bretton Woods, (...) a "produção" do dinheiro mundial foi assumida por uma rede de organizações governamentais, primordialmente movidas por considerações de bem-estar, segurança e poder – em princípio, o FMI (Fundo Monetário Internacional) e o BIRD (Banco Internacional para Reconstrução e Desenvolvimento) e, na prática, o Sistema de Reserva Federal dos Estados Unidos, agindo em concerto com os bancos centrais dos aliados mais íntimos e mais importantes do país. Assim, o dinheiro mundial tornou-se um subproduto das atividades de gestão do Estado. (*Ibidem*, p. 287).

E mais:

> Washington e não Nova Iorque confirmou-se como a sede primária da "produção" do dinheiro do mundo (...). (*Ibidem*, p. 288).

Nos anos que se seguiram à Segunda Guerra Mundial, conhecidos como os "Anos Dourados", a supremacia dos Estados Unidos era, como disse Hobsbawm (*op. cit.*, p. 269) "um fato". Todavia, o controle do dinheiro mundial, ou seja, do

---

10 O autor, todavia, alerta: "(...) o papel da diferenciação dos custos salariais não pode ser generalizado (...) em muitos casos, ele nada representa (MICHALET, *op. cit.*, p. 163). Martins (*op. cit.*, p. 44), por exemplo, informa que as empresas multinacionais fazem, muitas vezes, investimentos não lucrativos para resguardar posições mesmo em mercados ínfimos.

dólar como principal reserva de valor,[11] a posse de um arsenal militar nuclear e convencional descomunal e a expansão multinacional dos grandes conglomerados industriais daquele país – juntamente com a tecnologia, os valores e o estilo de vida do povo norte-americano (diga-se o consumo de massa)[12] – foram sem dúvida os pilares que sustentaram a recém-estabelecida hegemonia financeira, militar e ideológica dos Estados Unidos sobre o mundo capitalista (GILPIN, *op. cit.*, p. 104, 152 e ARRIGHI, *op. cit.*, p. 68, 140, 248).

A Guerra Fria e as Políticas de Contenção do Comunismo

O cenário político internacional sobre o qual se assenta o período em tela, num sentido mais amplo, é o do confronto velado entre as duas superpotências mundiais emergidas da Segunda Guerra Mundial. O comportamento da então União das Repúblicas Socialistas Soviéticas (URSS) no imediato pós-guerra não foi propriamente ameaçador em relação ao mundo não comunista, todavia a instabilidade econômica e social provocada pela destruição dos anos de conflito, principalmente na Europa e no Japão, fez com que Estados Unidos adotassem uma posição de garantidor do sistema capitalista: fosse por meio da ajuda econômica, fosse pela ameaça militar.

Conforme Hobsbawm (*op. cit.*, p. 224), finalizadas as hostilidades em 1945, não havia perigo iminente de conflito entre as duas superpotências. A União Soviética, que havia sido palco dos combates, definitivamente não tinha interesse em enfrentar um oponente ainda mais forte do que aqueles Estados Unidos com os quais se aliou em prol do enfrentamento do nazi-fascismo (*Ibidem*, p. 230-231). Os soviéticos não apoiaram a tomada do poder pelos comunistas revolucionários chineses, e, de fato, após o advento da

---

11 O dólar foi, a princípio, garantido pelas imensas reservas de ouro de Fort Knox, nos Estados Unidos.

12 Tomemos a homogeneização cultural mais por influência do que por transmutação social completa, pois "A uniformização dos hábitos de consumo e, em consequência, das técnicas – os dois fenômenos são interdependentes – surge como a reprodução em base ampliada, das características da sociedade de consumo. Mas, por enquanto, trata-se de um simples um esboço" (MICHALET, *op. cit.*, p. 185).

República Popular da China, não houve expansão significativa do comunismo (*Ibidem*, p. 225). Todavia, pelas posições políticas e estratégicas assumidas pelos EUA, a reação soviética à escalada militar norte-americana tornou-se inevitável (*Ibidem*, p. 232-233).

O tom de apocalipse do período, em realidade, originou-se nos Estados Unidos, pois, com o fim da guerra, havia a expectativa de uma grande crise econômica. Os analistas da época faziam analogias entre a Primeira e a Segunda Guerra, concluindo que, novamente, ocorreria uma grande depressão econômica, semelhante à dos 1930 (*Ibidem*, p. 228). A desmobilização militar e a incerteza política nos países destruídos sob a guarda norte-americana faziam com que uma "conspiração comunista mundial ateia" viesse a se tornar instrumento útil para que os políticos dos órgãos do Executivo daquele país conseguissem o apoio do eleitorado e, consequentemente, do Congresso dos EUA para obter os fundos necessários para que o governo pudesse dissuadir belicamente o bloco sino-soviético e exercer com desenvoltura a recém-assumida liderança militar e política sobre as nações capitalistas (HOBSBAWM, *op. cit.*, p. 229; ARRIGHI, *op. cit.*, p. 305 e GILPIN, *op. cit.*, p. 103).

Europeus e japoneses estavam, a princípio, impedidos pela falta de recursos de rapidamente recuperarem-se para que se estabelecesse no mundo uma economia de livre comércio, livre conversão e livres mercados sob o domínio norte-americano, como queriam estes. Havia, além disso, a própria possibilidade de desintegração social e de insurreições locais que poderiam eventualmente levar a uma reversão total na situação política dessas regiões (HOBSBAWM, *op. cit.*, p. 228 e 237). O Plano Marshall foi, dessa forma, um projeto maciço de ajuda econômica dos Estados Unidos à Europa, concebido para que houvesse o pleno restabelecimento de economias solidamente capitalistas nas margens do comunismo continental. Este plano e também uma volumosa ajuda direta ao Japão supriram as necessidades de liquidez que tinham estas nações e permitiram a reconstrução acelerada de suas respectivas economias. Os EUA, além disso, complementaram tais medidas com a abertura do próprio mercado interno norte-americano às exportações do Japão e o apoio ao regionalismo econômico europeu, precursor da atual União Europeia[13] (ARRIGHI, *op. cit.*, p. 305 e GILPIN, *op. cit.*, p. 106-111).

No plano militar, Gilpin (*op. cit.*, p. 104-105) salienta que os estadistas norte-americanos, no sentido de implementar a "contenção comunista", tiveram a necessidade de organizar e financiar, em paralelo aos planos de ajuda econômica, um monumental sistema de defesa no entorno do mundo comunista, enquanto a União Soviética e República Popular da China tinham a vantagem geográfica de proteger seu território continental sem que fosse preciso fazer grandes mobilizações armadas e/ou comprar alianças estratégicas, junto aos mais diversos países para obter apoio e espaço para a instalação de bases militares. Os gastos em armamentos, conforme Coutinho (*op. cit.*, p. 52-53), tornaram-se, além disso, bastante convenientes, tanto no sentido de atenderem aos objetivos ideológicos dos tecnocratas e militares situados no topo da burocracia do Estado, quanto no de suportar financeiramente os interesses dos grandes grupos industriais que formavam o já mencionado "complexo industrial-militar".

No mundo capitalista que fazia fronteira com o mundo comunista, principalmente nos países destruídos e com elevado potencial industrial de recuperação, as ações econômicas para o suporte financeiro e o reforço militar realmente corresponderam à retórica anticomunista propalada pelos funcionários de governo dos Estados Unidos depois do advento da Guerra Fria e da política de contenção baseada na Doutrina Truman.[14] Nas áreas periféricas e mais distantes do comunismo real, a preocupação com a ameaça comunista parece não ter sido a mesma, pois, apesar de ter sido mantida a retórica amedrontadora, não houve, até o início dos anos sessenta, qualquer inversão

---

13 As empresas multinacionais norte-americanas saíram, contudo, beneficiadas pelos acordos regionais europeus, pois puderam usufruir do que veio a se constituir, posteriormente, o Mercado Comum Europeu. No Japão, todavia, não tiveram essa possibilidade. Tal tolerância por parte dos EUA deveu-se principalmente ao peso da URSS e China comunista no balanço de poder do Pacífico (GILPIN, *op. cit.*, p. 108-110).

14 Conjunto de práticas adotadas pelo governo dos Estados Unidos, no âmbito mundial, para conter a expansão do comunismo.

pública por parte do governo dos Estados Unidos, ou de organizações internacionais sequer comparáveis em termos de grandeza aos realizados na Europa Ocidental e Ásia do Leste.

Recuperação Econômica do Pós-Guerra e Concorrência Oligopolística

No período pós-guerra, ao mesmo tempo em que os Estados Unidos faziam um elevado aporte econômico e estabeleciam sua infraestrutura militar na Europa Ocidental e Japão, suas empresas multinacionais expandiam seus negócios para dentro daqueles países.[15] O processo de internacionalização dos oligopólios norte-americanos se intensificou no fim dos anos 1940 e, sobretudo, a partir dos anos 1950 (BELLUZZO E COUTINHO, 1979, p. 17). Argumenta Arrighi (*op. cit.*, p. 249) que, nos Estados Unidos, a integração dos processos de produção e distribuição em massa deu origem a um novo tipo de organização industrial, capaz de desfrutar de vantagens competitivas decisivas para a expansão e dominação por parte dessas indústrias. Conforme argumentação de Hymer (*apud.* ARRIGHI, *op. cit.*, p. 249), estas firmas, também concluíram uma integração continental e passaram a se mudar para países estrangeiros, sendo tal movimento percebido na Europa já no início do século XX. Michalet (*op. cit.*, p. 127), por exemplo, considera que a Empresa Multinacional é uma manifestação da concentração e centralização dos setores industriais. O fenômeno da multinacionalização, contudo, não foi só norte-americano (*Ibidem*, p. 33), mas a emergência dos Estados Unidos, após 1945, como a maior potência política e econômica do mundo capitalista foi, sem dúvida, uma exclusividade da qual suas firmas não deixariam de colher os benefícios.[16]

---

15 A recuperação econômica será dada como certa pelos europeus somente na década de 1960 (HOBSBAWM, *op. cit.*, p. 254). Quanto ao Japão, a ajuda norte-americana restaurou seu crescimento em não menos de 16% ao ano no período 1966-70 (*Ibidem*, p. 270-271).

16 Há registro da existência de filiais de empresas multinacionais, tanto norte-americanas quanto europeias, desde o século XIX (MICHALET, *op. cit.*, p. 32).

Gilpin (*op. cit.*, p. 5-6), dessa maneira, salienta que uma das condições necessárias para a expansão das multinacionais norte-americanas sobre a Europa não comunista e Ásia do Leste foi a emergência dos EUA como superpotência após a Segunda Guerra Mundial. As empresas originárias desse país puderam desfrutar de grande capacidade financeira, não só por que eram oligopólios continentais, mas também porque detinham dólares. Tal moeda, mesmo que ainda atrelada ao ouro, era a principal reserva internacional de valor, conforme estabelecido nos acordos de Bretton Woods (ARRIGHI, *op. cit.*, p. 68-74). O governo norte-americano, por seu turno, pelas suas vultosas possibilidades financeiras, devido mesmo à capacidade de emissão daquela moeda, ofereceu os já mencionados incentivos fiscais aos empresários nacionais que fizessem investimentos diretos no exterior (ARRIGHI, *op. cit.*, p. 287-288 e GILPIN, *op. cit.*, p. 130-131). A estratégia das empresas de buscar a manutenção e a expansão de seus mercados externos pela implantação de novas linhas de produção fora dos EUA, devido a barreiras comerciais às suas exportações (MICHALET, *op. cit.*, p. 167), também pôde ser suportada pelo poder de decisão do governo dos EUA. Ao apoiar o regionalismo europeu, por exemplo, os Estados Unidos conseguiram que suas companhias multinacionais tivessem tratamento igual ao das firmas locais dentro da Comunidade Econômica Europeia, ou seja, que fossem tão protegidas quanto aquelas dentro dos limites do novo bloco (COUTINHO, *op. cit.*, p. 108; GILPIN, *op. cit.*, p. 133-134 e ARRIGHI, *op. cit.*, p. 304).

Fatores como os salários mais baixos dos outros países – com a mesma produtividade por trabalhador –, consideráveis avanços tecnológicos nos meios de transporte e comunicação e a perspectiva de baixo crescimento dos EUA também contribuíram para a expansão das firmas multinacionais norte-americanas para Europa, Japão e outras regiões periféricas como América do Sul e Caribe (MICHALET, *op. cit.*, p. 20; GILPIN, *op. cit.*, p. 6; COUTINHO, *op. cit.*, p. 106 e HOBSBAWM, *op. cit.*, p. 276). Não podemos, contudo, deixar de dar a devida importância ao fato de que "[o] ponto de partida das multinacionais é constituído por empresas nacionais geralmente de grande porte ou, o que é ainda mais geral, originárias de setores muito concentrados" (MICHALET, *op. cit.*, p. 173). A empresa multinacional é antes de tudo

"(...) a manifestação extrema do fenômeno de concentração-centralização, característico dos países capitalistas muito desenvolvidos" (*Ibidem*, p. 127). Nos dizeres de Belluzzo e Coutinho (*op. cit.*, p. 19):

> O rápido e concentrado processo de internacionalização do capital industrial no pós-guerra funcionou como um mecanismo de extensão e aprofundamento de fronteiras de acumulação produtiva, em escala global, dilatando o potencial de crescimento daquele padrão e adiando seu *deadline* temporal.

Nos anos 1950, o aumento da entrada das firmas norte-americanas na Europa ocorreu devido à formação do Mercado Comum Europeu (BELLUZZO E COUTINHO, *op. cit.*, p. 36), pois, a partir do momento em que se estabeleceu o tratamento igualitário, os norte-americanos passaram a ter acesso a um imenso e contínuo mercado dentro daquele continente. De acordo com Gilpin (*op. cit.*, p. 122-123):"Se as corporações americanas desejavam ter acesso àquele imenso mercado, deveriam inserir-se no espaço da tarifa externa comum. O investimento direto foi o mecanismo escolhido para tirar proveito desta oportunidade histórica".[17] Este autor (*Ibidem*, p. 122-123) salienta ainda que as firmas dos EUA não só tomaram a decisão de encaminharem-se à Europa por que a situação lhes era favorável, como também temiam, a longo prazo, a própria recuperação da competitividade das empresas europeias.

Aliás, a reação das firmas da Europa e do Japão ao movimento de invasão de grupos empresariais norte-americanos foi a de promover a centralização dos grandes capitais de lá originários, estabelecendo estruturas oligopólicas similares às norte-americanas. (BELLUZZO E COUTINHO, *op. cit.*, p. 17-18). Este processo de fusões e aquisições, apoiado pelos Estados europeus (MARTINS, *op. cit.*, p. 40-41) teve o suporte das elites locais que naquele momento compreenderam a necessidade de se interligarem nos meios empresarias, pois estavam cientes de que, para participarem

---

17 Tradução do autor. No original: "*If American corporations wanted access to this immense market, they had to get inside the common external tariff. Direct investment was the mechanism chosen to take advantage of this historic opportunity.*"

em primeiro plano do novo jogo político e econômico mundial, teriam que esquecer as antigas rivalidades e promover a integração do continente (COUTINHO, *op. cit.*, p. 67). O Mercado Comum, sem dúvida, fazia parte desse plano e foi um importante suporte para a formação dos oligopólios locais. O desafio americano, entretanto, pelo seu poder aquisitivo na região,[18] foi o que catalisou as forças para a junção das empresas europeias (COUTINHO, *op. cit.*, p. 66 e 108). O mesmo processo ocorreu no Japão logo que foram eliminadas as Leis Anti-monopolistas impostas pelos Estados Unidos depois da Segunda Guerra Mundial (HOBSBAWM, *op. cit.*, p. 236).

Outro aspecto da resposta dada pelos europeus e japoneses à entrada das firmas norte-americanas foi a constituição de empresas multinacionais em bases tecnológicas mais avançadas, que em pouco tempo passaram a desafiar seus antagonistas (COUTINHO, *op. cit.*, p. 80-81; BELLUZZO E COUTINHO, *op. cit.*, p. 17). O resultado foi que, nos anos 1950, os investimentos diretos europeus já haviam adquirido alguma relevância nos Estados Unidos. Sua presença, todavia, foi mais expressiva na compra de participações acionárias do que na aquisição total ou assunção do controle majoritário das companhias ali estabelecidas (MICHALET, *op. cit.*, p. 24). Além disso, seus investimentos não passaram de um terço dos que foram feitos pelas firmas norte-americanas na Europa até a primeira metade dos anos 1970. Em 1950, por exemplo, do total de investimentos externos diretos dos Estados Unidos, um valor igual a 28,8% disso correspondiam aos investimentos diretos canalizados por outros países aos EUA. Este número chega a decrescer em 1959 para 22,1% (*Ibidem*, p. 39). O avanço técnico como esforço de reação, todavia, demonstrou a superioridade tecnológica do Japão e Europa Ocidental (*Ibidem*, p. 162) que, conforme Hobsbawm (1995, *op. cit.*, p. 270), não desviaram grandes somas de seus recursos para o rearmamento militar, como fizeram os Estados Unidos

---

18 As empresas americanas usufruíam de empréstimos mais baratos e tinham condições de pagar mais pelos ativos estrangeiros, devido à sobrevalorização do dólar num período de câmbio fixo, além de ser aquele, como já explicado, a moeda reserva de valor internacional (GILPIN, *op. cit.*, p. 124).

e URSS.[19] Belluzzo e Coutinho (*op. cit.*, p. 17), por seu turno, afirmam que as grandes empresas europeias e japonesas:

> (...) reagiram à penetração dos oligopólios norte-americanos, intensificando esforços de renovação tecnológica, exatamente em setores onde a indústria americana já havia gerado novos inventos e processos, mas não podia utilizá-los sem depreciar massas de capital fixo recém-instaladas.

Mesmo não podendo infiltrar-se nos Estados Unidos da mesma forma que fizeram as multinacionais norte-americanas, os oligopólios europeus e japoneses, pelo desenvolvimento avançado de seus produtos e processos, revelaram-se um desafio aos empresários dos EUA.

A própria abertura dos Estados Unidos ao Japão e Europa – devido aos fatores econômico-políticos que buscamos salientar acima –, tornou mais vulnerável o mercado interno deste país a entrada dos produtos estrangeiros (*Ibidem*, p. 17). Conforme Michalet (*op. cit.*, p. 208), o deslocamento das empresas norte-americanas para a Europa Ocidental e Ásia do Leste também ocorreu em virtude do desaparecimento da vantagem tecnológica daquelas em relação aos concorrentes estrangeiros, ou seja, a não competitividade das mercadorias dos Estados Unidos é que obrigou tais empresas a fabricar diretamente naqueles países, compartilhando de custos mais baixos que os dos EUA (MICHALET, *op. cit.*, p. 251-252 e GILPIN, *op. cit.*, p. 135).

Desse modo, não logrando reproduzir inovações tecnológicas que permitissem uma superioridade de mercado, as multinacionais norte-americanas, ao implantarem suas linhas produtivas naqueles países, puderam usufruir dos mesmos custos de fatores de que se beneficiavam suas concorrentes, ou seja, no caso da Europa, salários mais baixos sob as mesmas condições de produtividade (MICHALET, *op. cit.*, p. 159-161). A resposta dos empresários dos EUA ao desafio dos países industrializados e em industrialização foi a de avançar no estabelecimento do que Michalet (*Ibidem*, p. 175) denominou filiais substitutas e filiais *atelier*. A primeira produz bens no mercado de

---

19 Principalmente Alemanha e Japão, que, logo após a guerra, tinham independência sequer para sua política externa (HOBSBAWM, *op. cit.*, p. 270).

destino, substituindo as vendas que eram feitas pelo país sede via comércio exterior, enquanto a segunda fabrica artigos em qualquer país produtivamente operacional que ofereça baixíssimos custos de fatores para, posteriormente, exportar para outras nações ou para o próprio país de origem (*Ibidem*, p. 166-167). Em ambos, o objetivo é reduzir custos, conservando o mercado local e mantendo, senão ampliando, aqueles que eram servidos anteriormente por exportações (GILPIN, *op. cit.*, p. 121).

Em suma, a concorrência entre oligopólios norte-americanos, europeus e japoneses, já estava estabelecida nos anos 1950, entretanto, neste período e na década seguinte, a correlação de forças favorecia grandemente os Estados Unidos em virtude de sua própria posição hegemônica não só militar, mas também financeira. Como salientamos, a presença europeia nos EUA tomou mais a forma de participação acionária do que de aquisição integral de empresas, sendo que, na maior parte dos casos, aquela era minoritária (MICHALET, *op. cit.*, p. 24). A periferia, dessa forma, revelou-se uma opção rentável para a expansão das empresas que estavam do lado mais fraco.

A lógica de implantação produtiva das multinacionais europeias e japonesas para as regiões menos desenvolvidas industrialmente foi exatamente a mesma das firmas norte-americanas, ou seja, aproveitar-se de salários mais baixos sem que houvesse perda de produtividade por trabalhador (*Ibidem*, p. 162). Tal fato revelou-se verdadeiro mesmo em setores onde havia a necessidade de mão de obra altamente qualificada (HOBSBAWM, *op. cit.*, p. 276). Outros fatores obviamente são considerados para a tomada de decisão de internacionalização das empresas, contudo, as remunerações, como já informado, são elementos que na maioria dos casos constituem o maior peso nos planos das corporações, podendo existir, entretanto, exceções.

Da mesma maneira que as firmas dos Estados Unidos haviam se aproveitado da conformação do Mercado Comum Europeu para ampliar seus investimentos diretos nessa região, os europeus e japoneses se valeram do descuido norte-americano em relação aos seus mercados de exportação nos países subdesenvolvidos e para lá direcionaram seus investimentos produtivos. As multinacionais europeias, por exemplo, exploraram amplamente o setor automotivo na América Latina, onde passaram a dominar os mercados brasileiro, argentino e parte do México (COUTINHO, *op. cit.*, p. 67). O capital norte-americano, nos anos 1950, priorizou menos a América Latina em relação à Europa não comunista. Seus investimentos diretos nos setores industriais tenderam a encaminhar-se mais para esta região do que para aquela, com exceção daquilo que se referia a matérias primas – principalmente no ramo petrolífero e de mineração.[20] Na década anterior e primeira metade da seguinte, a América Latina havia sido a principal recebedora dos recursos norte-americanos. Os europeus os substituem logo em seguida, mantendo a liderança ainda na década de 1970 (GILPIN, *op. cit.*, p. 17; MICHALET, *op. cit.*, p. 36). Conforme Coutinho (*op. cit.*, p. 63), a irregularidade nos fluxos dos EUA para os países latino-americanos pode ter ocorrido devido a ciclos de crescimento diferenciados nos maiores países da região e do alto grau de instabilidade política verificado naqueles Estados.

A percepção de que havia um movimento por parte dos europeus e japoneses em direção à América Latina fez com que as inversões por parte dos empresários norte-americanos não diminuísse de forma abrupta em

---

20 Dois exemplos são o do petróleo na Venezuela e do cobre no Chile, além de um interessante comentário dado pelo *Operations Coordination Board* (conselho multidepartamental criado durante o governo Eisenhower): "O aumento da atenção dos EUA em relação aos problemas da América Latina contribuiu para a diminuição do sentimento na América Latina de que os EUA negligenciam seus vizinhos mais próximos enquanto esbanjam atenção e recursos com a Europa, Oriente Médio e Ásia. (…) O fluxo anual bruto de capital estrangeiro – oficial e privado – para a América Latina aumentou significativamente nos últimos anos de US$ 1,610 bilhões em 1956 para US$ 2,167 bilhões em 1957, enquanto o fluxo líquido aumentou de US$ 1,040 bilhões para US$ 1,587 bilhões no mesmo período. Uma grande parte foi canalizada para as indústrias extrativas, especialmente para o petróleo venezuelano, o que representou um terço do total de 1957. (…) Obviamente, todo esse fluxo não financia diretamente novos investimentos produtivos. Em muitos países, o ambiente para investimentos americanos privados permanece desfavorável, embora, como indicado em outros lugares deste relatório, houve alguns sinais de melhora na Argentina". *Special Report by the Operations Coordinating Board to the National Security Council,'SPECIAL REPORT ON LATIN AMERICA (NSC 5613/1)'*, FRUS, 1958-1960, Volume V, documento nº 7, 26 nov. 1958.

relação àqueles países.[21] Dados da OCDE (Organização para a Cooperação e Desenvolvimento Econômico),[22] organização formada preponderantemente pelos países mais desenvolvidos economicamente, mostram que, no ano de 1967, apesar de terem os europeus maior preponderância nos investimentos em manufaturas – 56% dos capitais investidos na América Latina –, as multinacionais norte-americanas haviam investido pelo menos 40,6% do total para lá direcionado (MARTINS, *op. cit.,* p. 109).

A entrada das empresas multinacionais na América Latina proporcionou avanços em relação ao grau de industrialização em vários países da região e modificou a divisão internacional do trabalho, além de influenciar ainda mais o padrão do consumo local, incutindo o estilo de vida dos países do centro (HOBSBAWM, *op. cit.*, p. 275 e 354). Esse processo, porém, não ocorreu sem a perda de autonomia e de independência por parte dos Estados e das elites locais (BELLUZZO E COUTINHO, *op. cit.*, p. 22-23). A passagem das tradicionais exportações de produtos primários para a produção manufatureira exigiu que em alguns países os governos acompanhassem o esforço de industrialização, investindo em infraestrutura básica, energia e na constituição de uma base industrial pesada, ou seja, setores como o de siderurgia, metal-mecânica pesada, material elétrico pesado e a grande indústria química a fim de compensar os desequilíbrios provocados pela instalação da moderna indústria de bens de consumo durável, como foi o caso dos veículos automotores no Brasil no período aqui analisado (BELLUZZO E COUTINHO, *op. cit.*, p. 20).

Em realidade, os Estados que recepcionaram as empresas multinacionais foram obrigados a estabelecer uma estratégia de inserção internacional mais ou menos dependente em relação às ações desse conjunto de indústrias. As políticas adotadas por aqueles dependeram das relações de força a nível interno e externo (MICHALET, *op. cit.,* p. 222), pois, como já ilustrado anteriormente, o comando das filiais está subordinado ao quartel general da matriz,

---

21 Estes em proporção bem menor. Em 1967, por exemplo, seus investimentos diretos não passavam de 2,2% do total investido pelos países desenvolvidos na América Latina (MARTINS, *op. cit.,* p. 109).

22 OCDE, *Stock of Foreign Investment,* 1967, p. 66-92 (*apud.* MARTINS, *op. cit.,* p. 109).

que ficava na maioria das vezes em algum país mais desenvolvido. Conforme Michalet (*Ibidem*, p. 222): "O Estado se defronta então com o paradoxo de ter que elaborar uma política nacional com elementos pertencentes a um espaço internacionalizado".

A decisão do local onde fazer os investimentos diretos também depende da influência pregressa que tem o país de origem dessas empresas sobre determinada região – os Estados Unidos, por exemplo, durante a primeira metade do século XX, mantiveram-se como principais compradores dos produtos de exportação e principais fornecedores de produtos manufaturados da maioria dos países latino-americanos, o que já confere poder e influência sobre importante parcela das elites locais. Além disso, as firmas multinacionais pressionam os governos anfitriões a fazer concessões antes de definir a instalação das filiais, como em relação à isenção de tributos, à liberdade de circulação de fatores e de capitais, entre outras facilidades, além de exigir garantia de um ambiente político local sem maiores riscos para seus direitos de propriedade (*Ibidem*, p. 116).

Em suma, muitos países da América Latina, a partir dos anos 1950, passaram a intensificar o processo de industrialização local, recebendo empresas multinacionais e, por consequência, integrando-se ao capitalismo monopolista em expansão. Os setores implantados no Brasil, por exemplo, transferiram-se para cá juntamente com suas estruturas oligopólicas internacionais em formação (*Ibidem*, p. 154). Ou seja, norte-americanos, europeus e japoneses já concorriam mundialmente pela partilha dos mercados. No Brasil, o setor de bens de consumo durável foi o que ganhou maior destaque, constituindo-se, desde o início, numa indústria dividida e controlada por capitais estrangeiros com poucas possibilidades da entrada para o capital privado nacional, senão uma participação minoritária.[23] O que coube à indústria privada brasileira – como será realçado nos capítulos que se seguem – foram os setores em que o aporte financeiro imobilizado e o capital de giro necessário constituíam-se de menor monta e, nos ramos em que as bases tecnológicas eram bem menos complexas e mais difusas.

---

23 Há nesse período algumas exceções no setor de eletrodomésticos (TAVARES; FAÇANHA E POSSAS, 1978).

Conclusão

Depois de ter exercitado alguma barganha junto aos Estados Unidos e à Alemanha Nazista e de ter obtido importante financiamento para o início da industrialização pesada,[24] nos primeiros anos da Segunda Guerra Mundial, a conjuntura político-econômica internacional com que se depara o Estado brasileiro, ao fim da grande conflagração é a de uma incontrastável hegemonia política e econômica por parte dos EUA sobre o mundo capitalista. Como já ilustramos, as outras potências, por sua vez, destruídas e falidas após a Segunda Guerra, buscavam recuperar-se com a ajuda norte-americana. Rapidamente promoveram avanços industriais significativos, ainda não ameaçando profundamente, contudo, a preponderância econômica e política daquele país. A grande concentração industrial e a expansão pela multinacionalização da produção foram, por seu turno, a base sobre a qual todos os países industrializados se apoiaram para uma renovada fase de acumulação e oligopolização generalizada dos mercados dentro da fronteira capitalista – a princípio.[25] Neste quesito, o advento da Guerra Fria havia delimitado os espaços sobre os quais se desenvolveriam tanto o capitalismo, quanto o socialismo real, sendo que, de cada lado, haveria uma superpotência militar resguardando seus interesses sobre o seu respectivo bloco. Sob a guarda desta nova e superpoderosa potência em que se tornaram os Estados Unidos, longe da fronteira comunista e de suas influências, e buscando dar continuidade ao processo de industrialização em meio a um movimento mais avançado de acumulação capitalista, é que Estado brasileiro procura situar seus interesses e planos futuros a partir da segunda metade dos anos 1950.

Os anseios do governo brasileiro – consubstanciados nos interesses das elites que se rearranjavam e estabeleciam a coalisão de poder – não deixariam, portanto, de passar, neste período, assim como em outros momentos subsequentes, pela apreciação do governo dos Estados Unidos.

---

24 O financiamento para a construção da Companhia Siderúrgica Nacional foi feito com ajuda do *Ex-Im Bank* (*Export-Import Bank of the United States*), depois de proposta ao governo brasileiro por parte da empresa siderúrgica alemã, Krupp.

25 Havia também filiais multinacionais em alguns países socialistas.

Sublinhamos, desse modo, a necessidade da investigação feita sobre os arquivos diplomáticos norte-americanos, apresentadas no capítulo que segue, com intuito de fazer algum tipo de aproximação em relação às pretensões daquele país no Brasil.

Capítulo 2

Os Interesses Norte-Americanos no Brasil

Procuraremos tratar, neste capítulo, de alguns interesses do governo norte-americano no Brasil que entendemos como entre os mais relevantes, identificados nesta pesquisa tanto pela sua recorrência bibliográfica, quanto pela sua frequente repetição dentro da fração documental estudada. Observamos que tais interesses estavam imbuídos, obviamente, de muitos objetivos particulares dos capitais originários dos Estados Unidos que já tinham ou desejavam ter negócios no país. Tais intenções se refletiram principalmente na priorização dada às questões tratadas pelo Departamento de Estado, órgãos executivos e de representação no Brasil. Baseando-se esta parte do texto, na sua maioria, em documentação empírica proveniente dos arquivos diplomáticos norte-americanos e informes da Agência Central de Inteligência (CIA), esperamos obter uma aproximação daquilo que seria a base para a tomada de decisões por parte do governo dos Estados Unidos nas suas relações com o Brasil, principalmente, no que se refere a inter-relações entre os interesses daquele e as demandas deste último.

O Novo Enquadramento da América Latina e Brasil à Política Externa dos Estados Unidos

O governo de Juscelino Kubitschek no Brasil ocorreu praticamente em concomitância com o segundo mandato de seu colega, Dwight Eisenhower, nos Estados Unidos. De um modo geral, esta administração pautou sua política externa nos mesmos termos daquela que vinha sendo conduzida pela gestão Truman.[1] A diferença marcante para os latino-americanos seria a de que o governo de Eisenhower, nas relações com a América Latina, teria uma propensão muito menor a oferecer ajuda econômica oficial à região.[2] Isso não se refletia exatamente num descaso para com aqueles países, mas numa intensão deliberada de fazer com que os latino-americanos se adequassem aos interesses de uma superpotência que, conforme a nova estrutura de poder político e econômico na região da Américas, imperava sem rivais a sua altura.

Num período exatamente anterior, entretanto, durante a Segunda Guerra Mundial, os Estados Unidos apresentaram-se mais cooperativos no que se refere à ajuda financeira (SCHILLING, 1984, p. 35-37). Na época do conflito, os suprimentos de matérias primas estratégicas provenientes da América Latina para o esforço de guerra eram fundamentais à vitória dos Aliados sobre as potências do Eixo. Os países da região, contudo, não apresentaram de imediato as garantias de fornecimento demandadas pelos EUA, pois muitos já reclamavam um tipo desenvolvimento econômico que eventualmente poderia ser atendido pelo vantajoso comércio com a Alemanha Nazista. Esta, em 1940, já dominava quase toda Europa.[3]

---

1 Harry Truman, presidente dos Estados Unidos de 1945 a 1953, antecessor de Dwight Eisenhower e primeiro mandatário a tratar da reordenação da política externa norte-americana no período pós-guerra. Seu governo priorizou externamente a contenção comunista, principalmente na Europa Central e Ásia do Leste, dentro do que se chamou "Doutrina Truman".

2 Conforme Rabe (1988, p. 65): "O presidente era um conservador fiscal que havia prometido durante a campanha de 1952 diminuir o tamanho do Estado na economia em meio a um orçamento federal tensionado pelos gastos em assistência pública interna e estrangeira". Tradução do autor.

3 Brasil, México, Argentina e Chile buscavam, nessa época, acelerar seus respectivos processos de industrialização. O comércio com a Alemanha, nesse sentido, não requeria a utilização de divisas como o dólar ou a libra e aquele país, além disso, tinha condições de fornecer bens de capital, financiamento e equipamento bélico, consumindo os produtos primários produzidos na América Latina (SCHILLING, *op. cit.*, p. 37).

Os Estados Unidos, portanto, considerando a necessidade de cooperação dos latino-americanos para com sua demanda por matérias primas estratégicas, em seu desesperado esforço de guerra, tendo em vista um incremento da influência alemã sobre tais países e até a possibilidade de invasão do hemisfério americano pelo inimigo, decidiu iniciar um programa de ajuda mais robusto junto aos Estados daquela região (WAGNER, 1970, p. 14-16). Como já salientado, o financiamento do *Ex-Im Bank* para a construção da usina da Companhia Siderúrgica Nacional seria o caso mais emblemático deste tipo de ajuda no Brasil.

Ao final do conflito, com os países europeus arrasados e uma combalida e distante União Soviética, os Estados Unidos não tinham rivais na América Latina e poderiam mudar sua política externa da forma que mais lhe aprouvessem, sem que com isso houvesse perda significativa de influência sobre a região.[4] A atenção da ajuda econômica norte-americana, em virtude do então medo comunista, voltou-se para a reconstrução da Europa Central e para o Leste Asiático, onde, para os EUA, a definição das fronteiras entre o "mundo livre" e o comunismo era de importância central para sua estratégia de segurança (BASTOS, 2001, p. 445). À América Latina restaria um papel mais subalterno, como fornecedora de matérias primas essenciais, recebendo uma ajuda financeira mínima mediante a abertura de suas respectivas economias aos capitais e indústrias privadas estrangeiros – diga-se norte-americanos.[5]

Em 1945, último ano da guerra, a mudança na atitude norte-americana em relação à América Latina já era patente. Na Conferência dos Países

---

4 "Os latino-americanos dependiam dos EUA para quase toda assistência e assessoramento militar como para capitais e mercados" (WAGNER, *op. cit.*, p. 17). Tradução do autor.

5 "[Os EUA] deram os passos iniciais, fornecendo assistência financeira através do Banco Mundial e do Banco de Exportação e Importação e decidiram continuar indefinidamente os programas de assistência técnica. Porém logo decidiram que o ônus dessas duas instituições poderia ser consideravelmente diminuído se os governos latino-americanos fossem mais receptivos aos investimentos estrangeiros privados, e que esses empréstimos públicos poderiam, portanto, ser oferecidos de maneira que não afetassem os incentivos para que os governos latino-americanos fossem receptivos ao capital privado."(WAGNER, *op. cit.*, p. 18-19). Tradução do autor.

Americanos de Chapultepec, no México, as propostas dos Estados Unidos para cooperação econômica delinearam o que seria, na prática, a política externa a partir de então. Dentro de suas proposições havia as de que os países presentes no encontro não incentivassem indústrias subsidiadas pelo Estado, não constituíssem estatais que competissem com interesses privados, de que o nacionalismo econômico fosse eliminado em todas suas formas e a de que as empresas e os capitais estrangeiros tivessem a liberdade e o tratamento exatamente igual aos originários de cada país. Tratava-se do que Green (1971, p. 175) afirma ser um assalto ao nacionalismo em todas suas formas. A partir daí, não havendo maiores ameaças regionais à então ascendente hegemonia norte-americana, os interesses dos grupos privados vinculados ao governo dos EUA passam a predominar sobre a política externa para a América Latina, pois tais políticas preparariam o terreno para que os norte-americanos pudessem usufruir ao máximo do potencial de acumulação que se vislumbraria numa América Latina em desenvolvimento.

Na gestão Eisenhower, esta vinculação entre o público e o privado apresentou-se de modo bastante claro. No quadro de funcionários do governo de alto escalão, ligados ao setor externo, o Secretário de Estado, por exemplo, John Foster Dulles e seu irmão, Diretor da CIA, haviam sido membros da Sullivan and Cromwell Law Firm, representantes de nada menos que a United Fruit Company (RABE, *op. cit.*, p. 27).[6] George Humphrey, Secretário do Tesouro, tinha relações com a mineradora Hanna Co. – com interesses no Brasil – e, depois de servir ao governo, se tornaria presidente da empresa que a sucedeu em uma futura fusão. O Secretário Assistente para Assuntos Interamericanos, Henry Holland, era, por seu turno, advogado ligado ao setor petrolífero, representando, posteriormente a sua gestão, empresas norte-americanas na Bolívia, país onde, no período em que servira ao Estado, ajudara na elaboração da lei local de hidrocarbonetos (*Ibidem*, p. 80).

---

6   Empresa que teve suas terras ameaçadas de desapropriação na Guatemala em um processo de reforma agrária conduzido pelo governo de Jacobo Arbenz. Seu mandato foi abreviado em 1954 por intervenção da própria gestão Eisenhower.

A política externa de Eisenhower para a América Latina obedeceria, portanto, a uma lógica comprometida com os interesses privados norte-americanos.[7] Consistiria, a princípio, em fazer com que os latino-americanos garantissem o fornecimento das matérias primas estratégicas e se comprometessem com a luta contra o comunismo nas instâncias internacionais. Contudo, fazer com que adotassem o livre comércio e criassem um ambiente "adequado" para a recepção dos investimentos privados estrangeiros seriam os objetivos que melhor atenderiam aos clientes daquele governo. A limitação dos créditos públicos[8] e o discurso contra o nacionalismo[9] foram, dessa maneira, parte de um movimento que visava forçar tais países a se enquadrarem.[10] Uma retórica política nacionalista – que discriminasse os interesses norte-americanos –, portanto, mais do que a propaganda comunista, seria o principal inimigo dos interesses dos Estados Unidos.

O que se observa no Brasil, por sua vez, é uma certa dosagem na ajuda, conforme o grau de enquadramento econômico e político às preferências

---

7   "(...) Eisenhower concordou com a opinião do Secretário Humphrey de que os empresários se tornariam embaixadores dos EUA na América Latina (...)" (RABE, *op. cit.*, p. 66). Tradução do autor.

8   "Eisenhower também aprovou o plano de Humphrey de limitar a autoridade do Banco de Exportação e Importação [*Ex-Im Bank*] de conceder créditos de longo prazo que não fossem para a expansão do comércio [norte-americano] (...) com o congelamento dos créditos de longo prazo, os empréstimos para desenvolvimento do banco na América Latina caíram de US$ 147 milhões para US$ 7,6 milhões em 1953" (*Ibidem*, p. 66). Tradução do autor.

9   "O nacionalismo econômico diminuiu o respeito pela propriedade privada e pela iniciativa individual, foi, portanto, desaprovado, porque prejudicava os empresários norte-americanos e promovia o comunismo" (*Ibidem*, p. 177). Tradução do autor.

10 Movimento que já vinha desde 1944 conforme comentário de um funcionário do Escritório de Comércio Doméstico e Exterior dos Estados Unidos: "(...) Os países latino-americanos estão ávidos de capital e não fariam, em sã consciência, nada que impedisse seriamente o investimento de capital estrangeiro. Obviamente, isto não significa que o capital estrangeiro será aceitável sob quaisquer condições, porém significa que o capital estrangeiro é requerido em grandes quantidades e serão feitas concessões para atraí-lo". (Memorando de August Maffry, chefe da unidade de estatística econômica internacional, Maio de 1944. *Apud.* GREEN, *op. cit.*, p. 332). Tradução do autor.

norte-americanas. Nos documentos analisados há o entendimento de que governos politicamente estáveis – certamente pró-americanos –, financeiramente solventes e baseados num sistema econômico de iniciativa privada, ou seja, livre comércio, livre circulação de capitais e participação estatal mínima, devam estar à frente dos Estados naquela região,[11] isto é, o primeiro critério para se analisar e, se possível, atender demandas locais era o de adequação da gestão governamental local às políticas requeridas pelos EUA. O que não se desejava era um Estado que interviesse na economia, competindo – ao mobilizar suas capacidades econômicas – com os interesses privados estrangeiros. O veto por parte do governo brasileiro à participação estrangeira na exploração e no refino de petróleo pela instituição de uma estatal como a Petrobrás era um exemplo que definitivamente deveria ser evitado a todo custo. Um governo de tal clivagem intervencionista poderia ainda, indo de encontro aos interesses norte-americanos, estabelecer controles sobre o câmbio, mercados, entrada e a saída de capitais, entre outras ações prejudiciais ao capital forâneo. A moderação, quando não o controle, haveria de estar, desta maneira, contemplada na política externa norte-americana para a região e o mecanismo, evidentemente, utilizado para tal seria o poder de decisão sobre a ajuda financeira tão solicitada localmente.[12]

Em 1955, por exemplo, antes de Juscelino Kubitschek vencer as eleições e assumir a presidência, o governo Café Filho, em penosa situação política e econômica, requisitara ajuda financeira ao governo dos EUA para fazer frente aos compromissos do balanço de pagamentos daquele ano. O Escritório de Assuntos Interamericanos aconselhou quanto a este problema que fosse dada uma ajuda emergencial, com intuito de manter o governo brasileiro

---

11   Declaração da Política Externa dos Estados Unidos para a América Latina de 1956 e de 1959: *National Security Council Report (NSC5613/1), 'STATEMENT OF POLICY ON U.S. POLICY TOWARD LATIN AMERICA'*, FRUS, 1955-1957, Volume VI, documento n° 16, 25 set. 1956 e *National Security Council Report,'STATEMENT OF U.S. POLICY TOWARD LATIN AMERICA' (NSC 5902/1)*, FRUS, 1958-1960, Volume V, documento n° 11, 16 fev. 1959.

12   Na gestão seguinte, o presidente John F. Kennedy diria: "A ajuda [financeira] é um método para manter a influência e o controle" (HAYTER, 1971, p. 5).

institucionalmente operacional até que uma nova gestão assumisse o Estado.[13] De fato, naquela mesma época, uma linha de crédito de US$ 75 milhões foi concedida pelo Banco de Exportação e Importação dos Estados Unidos (*Ex-Im Bank*) dias após a emissão do tal relatório. Além de ser o governo Café Filho patentemente pró-Estados Unidos, o socorro sugerido, em realidade, foi oportunista, pois, no próprio documento, sabia-se que a única fonte de ajuda eram os Estados Unidos e, por trás dessa ajuda, houve a imposição de um compromisso com um programa de ajuste econômico, envolvendo ações no campo monetário, fiscal, cambial e em determinados setores econômicos, como o petrolífero. Não houve tempo nem força política dentro do governo Café Filho para a implementação de tais ações, contudo, os Estados Unidos não esqueceriam, de modo algum, suas exigências e cobrariam fortemente o governo JK como veremos no capítulo seguinte.[14]

Como mencionamos, os objetivos dos Estados Unidos para com o governo JK eram, de um modo geral, os de enquadrar o Brasil nos parâmetros econômicos e políticos que interessavam aos EUA. Todavia, Kubitschek, apesar de ser um governante a favor da entrada de capitais externos na indústria, apoiar os EUA, no âmbito local e externamente, na propalada "luta contra a conspiração comunista ateia internacional"[15] e manter, na maior parte de seu governo, os entendimentos junto ao FMI, por um lado, era, por outro, um presidente que precisava do apoio político da representação trabalhista do PTB (Partido Trabalhista Brasileiro) – partido que abrigava muitos elementos da esquerda antiamericana e ex-filiados do extinto

---

13 Relatório do *Bureau of Inter-American Affairs* (ARA) enviado à Secretaria de Estado, '*BRAZIL – STATUS REPORT*', 22 mar. 1955, NARA-M1511: 732.00/3-2255.

14 A linha de crédito de US$75 milhões tinha validade para retirada até final do ano de 1955. Foram retirados apenas US$ 45 milhões, não sendo permitido, mesmo depois de solicitado, que se retirasse o valor restante durante o governo JK, a partir de 1956. *Minutes of the 246th Meeting of the National Advisory Council on International Monetary and Financial Problems*, FRUS, 1955-1957, Volume VII, documento nº 332, 3 jul. 1956.

15 Para Kubitschek o comunismo no Brasil não representava perigo algum (BANDEIRA, 1973, p. 514).

Partido Comunista. JK tinha, além disso, ligações importantes com antigos colaboradores de Getúlio Vargas,[16] como Benedito Valadares e Cleantho de Paiva Leite, e promovia um programa econômico que, a princípio, não atendia aos postulados anti-inflacionários e cambiais pregados pelo governo norte-americano.[17] Ou seja, era líder de um governo que priorizava o desenvolvimento econômico em bases capitalistas acima de outras considerações, ainda que a execução dessa prioridade envolvesse uma ampliação do controle e/ou regulação do Estado sobre campos de atuação privada, inclusive por meio da constituição e expansão de empresas estatais em áreas de interesse de filiais estrangeiras e do aceno à incorporação de demandas (inclusive salariais) dos trabalhadores urbanos. Era adepto, portanto, do nacional-desenvolvimentismo com forte intervenção estatal, e pilotava uma coalizão heterogênea do ponto de vista político, econômico e ideológico. Diante de sua ideologia econômica e do fracionamento de sua coalizão sócio-política, havia uma preocupação clara por parte do governo Eisenhower em manter Kubitschek mais próximo do lado que lhes interessava do que de outro bem menos americanista, tentando influenciá-lo para isso.[18]

---

16 Getúlio Vargas era mal visto pelos Estados Unidos pelas restrições que havia imposto ao envio de remessas de lucros ao exterior, no passado, e por ter sido um dos maiores apoiadores à criação da Petrobrás.

17 Em despacho da Embaixada norte-americana para o Departamento de Estado, informa-se que há preocupação com a estabilidade econômica, mas o governo JK parece não se preocupar com a inflação ou em conter o desejo de continuar investindo. "Nossa hipótese básica continua sendo a de que é de interesse nacional dos Estados Unidos evitar que a economia brasileira entre em parafuso." *THE FOREIGN SERVICE OF THE UNITED STATES*, 26 dez. 1957, NARA-M1511:811.0032/12-2657. Os Estados Unidos tinham grande volume de negócios no Brasil, pois já estavam instalados mesmo antes do governo Kubitschek. De acordo com Bandeira (*op. cit.*, p. 538), em 1959, seus investimentos somavam cerca de US$ 936 milhões.

18 Depois de ter rompido negociações com o FMI, o encarregado de assuntos econômicos da Embaixada norte-americana, Wallner, pede que a ajuda militar não seja descontinuada, pois o governo JK pode perder apoio dos militares e ligar-se a extremistas. *INCOMING TELEGRAM, Department of State, 'Embtel 1916'*, 2 jul. 1959, NARA-M1511:732.00/7-259.

Em despacho ao Departamento de Estado, o embaixador norte-americano no Brasil, Ellis O'Briggs, em dezembro de 1957, por exemplo, conjectura algumas tendências para o Brasil em 1958, fazendo logo depois algumas recomendações:

> (...) o vírus do nacionalismo crescerá com mais força em 1958. Promovido simultaneamente pelos demagógicos defensores dos desfavorecidos e pelos comunistas, este pode ser o principal problema dos Estados Unidos no seu relacionamento com o Brasil neste ano vindouro. A Petrobras será uma beneficiária. (...) III. Política norte-americana recomendada: 1. É do nosso interesse nacional continuar dando assistência ao Brasil, política e economicamente. Metade do continente em tamanho e população, o Brasil é o único país sul-americano com aspirações legítimas de potência mundial. Seu potencial é enorme. Os investimentos totais norte-americanos, privados e públicos já passaram dos dois bilhões de dólares. Para evitar que nossos inimigos os contaminem, nossa reserva existente de boa vontade deverá ser a principal política norte-americana.[19]

Em fevereiro de 1959, num parecer da Embaixada norte-americana, há a defesa de um incremento na dosagem da ajuda técnica e militar ao Brasil. A esta altura, o governo JK já se mostrara aberto aos capitas forâneos e, conforme a própria avaliação da Embaixada, era um aliado amigável, interessando

---

19 Tradução do autor. No original: "(...) virus nationalism will grow stronger in 1958. Promoted simultaneously by demagogic champions of the underprivileged and by the Communists, it may be the number one problem of the United States in relations with Brazil in the new year. Petrobras will be a gainer. (...) III. Recommended American Policy: 1. It is in our national interest to continue to support Brazil, politically and economically. Half the continent in size and population, Brazil is the only South American country with legitimate aspirations to world power. Her potential is gigantic. Total American investments, private and public, already exceed two billion dollars. To keep our enemies from polluting the existing reservoir of goodwill should remain cardinal American policy." *Despatch From the Ambassador in Brazil (Briggs) to the Department of State, 'Brazil in 1958'*, FRUS, 1955-1957, Volume VII, documento nº 372, 31 dez. 1957.

aos EUA sua estabilidade política e econômica.[20] Não devemos esquecer que o Brasil procurava, nesse momento, com o Programa de Estabilização Monetária (PEM), atender às exigências do FMI, para que pudesse receber empréstimos para cobertura dos déficits no balanço de pagamentos.

A assistência técnica e a ajuda financeira a projetos considerados viáveis, que atendessem inclusive interesses das empresas norte-americanas, poderiam ser aqui e ali dosados conforme as circunstâncias se mostrassem adequadas ao desejo norte-americano. O que veremos, no entanto, é que o enquadramento do Brasil e de países da América Latina aos postulados macroeconômicos norte-americanos não ocorreria exatamente no âmbito da cooperação, mas nos momentos em que tais governos estivessem em situação financeira de grande fragilidade cambial, sem opção de receber ajuda senão atendendo às exigências que seriam postas na mesa para que fossem cumpridas irremediavelmente.

As Matérias Primas Essenciais

No que se refere às matérias primas essenciais, mesmo depois da Segunda Guerra Mundial, permaneceu entre os principais objetivos norte-americanos na região assegurar o fornecimento daquelas, dada a prioridade em relação à segurança nacional daquele país.[21] Há de se notar, por exemplo, no Plano Regional de Operações para a América Latina de 1959 do poder Executivo

---

20 "Considerando a magnitude atual da assistência militar e econômica sendo prestada ao Brasil, acreditamos que o programa de cooperação técnica deve ser ampliado se pretendemos atender plenamente nossos objetivos de um Brasil poderoso, amigável e democrático que seja estável política, social e economicamente."*Foreign Service Dispatch*, '*WEBB SUBCOMMITTEE VISIT*', 26 fev. 1959, NARA-M1511: 732. 5-MSP/2-2659.

21 "Objetivos (...) 15.e. Obter produção adequada e acesso a materiais essenciais para nossa segurança." *National Security Council Report (NSC5613/1)*, '*STATEMENT OF POLICY ON U.S. POLICY TOWARD LATIN AMERICA*', FRUS, 1955-1957, Volume VI, documento nº 16, 25 set. 1956. "Objetivos (...) 14. Produção adequada e acesso aos recursos e materiais essenciais para a segurança dos EUA e identificação de tais recursos e habilidades, pois poderão contribuir significativamente para a recuperação dos EUA no caso de um ataque nuclear". *National Security Council Report*,

norte-americano, uma pequena, mas importante reconsideração. A política de não intervenção que vinha sendo adotada até então para a América Latina poderia deixar de valer, caso se revelasse inadequada para salvaguardar os interesses vitais dos EUA.[22] Fator este que ia de encontro com a política de "Boa vizinhança" de Franklin D. Roosevelt, posta em prática na VII Conferência Interamericana reunida em Montevideo em 1933, onde os EUA assinaram o Pacto de Não-intervenção e Inviolabilidade de Territórios, comprometendo-se a abrir mão do anterior intervencionismo ao estilo *"Big Stick"* (SCHILLING, *op. cit.*, p. 36). Com o curso da Segunda Guerra e posterior advento da Guerra Fria, o interesse nas matérias primas passava não só a ter uma importância comercial, mas também uma relevância estratégico-militar.[23] Conforme Bastos (*op. cit.*, p. 482):

> A penetração/controle de firmas norte-americanas sobre setores de produção de insumos essenciais asseguraria o funcionamento do complexo industrial militar do país, de maneira que a diplomacia defendia o lucro e o mercado ganho ou a ganhar pelas filiais norte-americanas também para defender toda uma logística de segurança militar que, internamente, integrava laboratórios públicos e empresas privadas no manejo de materiais estratégicos fornecidos pelo exterior.

O acompanhamento sistemático das descobertas e explorações minerais, portanto, não deixa de aparecer em inúmeros despachos diplomáticos a

---

'STATEMENT OF U.S. POLICY TOWARD LATIN AMERICA' (NSC 5902/1), FRUS, 1958-1960, Volume V, documento nº 11, 16 fev. 1959.

22 "9. Os Estados Unidos devem continuar aderindo à política de não intervir unilateralmente nos assuntos internos das outras repúblicas americanas. Nas contingências em que a política de não intervenção possa parecer inadequada para proteger interesses e obrigações vitais dos EUA, orientações adicionais deverão ser buscadas". *Regional Operations Plan for Latin America Prepared for the Operations Coordinating Board*, 'B. Operational Guidance', 'Non-Intervention Policy', item 9, FRUS, 1958-1960, Volume V, documento nº 12, 1 jul. 1959.

23 Gostaríamos de salientar, de antemão, que o assunto, petróleo, será tratado de maneira específica mais adiante.

Washington. Na documentação, observa-se a emissão de diversos relatórios, fornecendo informações detalhadas sobre as reservas existentes e a exploração corrente dos diferentes recursos minerais brasileiros. Há registrado, por parte do Consulado norte-americano de Salvador, na Bahia, por exemplo, o envio trimestral ao Departamento de Estado de um relatório especializado em assuntos minerais. Nele, está listada uma relação de minérios como ferro, manganês e amianto, com sua respectiva denominação, localização, nível de produção nos últimos anos (pois trata de minas em operação), valoração em dólares e destino final do material extraído.[24] Verifica-se também nos documentos da Embaixada do Rio de Janeiro, o envio de respostas a um detalhado questionário feito pelo Bureau de Minas dos EUA. Naquele, entre outros dados, há igualmente, para os anos de 1958 e 1959, informações sobre localização, quantidade e valor dos minerais produzidos nas diversas regiões do Brasil.[25] A Embaixada também tinha um relatório anual próprio sobre o assunto, talvez o mais completo de todos.[26] O aparato diplomático, desse modo, vinha elaborando um mapeamento geral de todos os recursos minerais encontrados no Brasil, o que lhes permitia inclusive afirmar, em 1959, que "com exceção de depósitos economicamente viáveis de cobre e dos combustíveis fósseis, o Brasil é mais autossuficiente em recursos minerais do que os EUA".[27]

Além do levantamento de dados, também é analisada a capacidade técnica local de identificar os recursos existentes no país. De setembro a outubro de 1958 são emitidas mais de 170 páginas de relatórios com informações sobre toda e qualquer agência, em todas as esferas do governo brasileiro ou

---

24 *Quarterly Report on Minerals, 'Fourth Quarter of 1959'*, 14 Jan. 1960, NARA-C80: 832. 25/1-1460.

25 *FOREIGN SERVICE DISPATCH, 'Mineral Production Statistics Questionnaire for 1959 – Brazil'*, 28 Abr. 1960, NARA-C80: 832. 25/4-2860.

26 *FOREIGN SERVICE DISPATCH, '1958 Minerals Report – Brazil'*, 19 Mai. 1960, NARA-C80: 832. 25/5-1960.

27 Tradução do autor. No original: *"With the exception of an economic copper deposit and fossil fuels, Brazil is more self-sufficient in mineral resources than the U.S.". FOREIGN SERVICE DISPATCH, '1958 Minerals Report – Brazil'*, 19 Mai. 1960, NARA-C80: 832. 25/5-1960.

mesmo em entidades públicas e privadas, que tivessem condição de levantar informações geológicas e territoriais. São identificadas suas funções, organização, abrangência, programas, produção de mapas e pesquisas, publicações, além de identificados os métodos, os recursos humanos e os tipos de equipamento utilizados.[28] A capacidade do Brasil para a exploração dos recursos já conhecidos, após todo esse levantamento, é considerada pelos órgãos norte-americanos como deficiente, havendo avanços muito lentos.[29]

Quanto à liberdade que tinham os norte-americanos para buscar e possivelmente explorar os recursos minerais, pode-se dizer, considerando a documentação diplomática pesquisada, que a representação no Brasil não vinha registrando cerceamentos às possibilidades que teriam as filiais norte-americanas de realizar negócios neste ramo. Com a exceção do petróleo e de um ou outro caso específico, tanto o Estado brasileiro quanto a opinião pública nacional não estariam vetando, neste período, a atuação dos Estados Unidos neste setor.

Em 1957, por exemplo, a Embaixada norte-americana no Rio de Janeiro, no relatório de perspectivas em relação ao Brasil para o ano de 1958, recomenda ao governo dos Estados Unidos que seja incentivada a exploração mineral de ferro, bauxita e manganês por empresas norte-americanas auxiliadas por créditos públicos daquele país.[30] Depósitos comercializáveis de urânio, por exemplo, foram encontrados e prospectados em parceria com o governo dos EUA,[31] as-

---

28 FOREIGN SERVICE DISPATCH, *'Cartographic Activities of the Divisão de Cartografia, Conselho Nacional de Geografia, in Brazil'*, 10 Set. 1958, NARA-M1511: 732.022/9-1058.

29 FOREIGN SERVICE DISPATCH, *'1958 Minerals Report – Brazil'*, 19 Mai. 1960, NARA-C80: 832. 25/5-1960.

30 "Devemos aumentar nossos esforços na exploração dos recursos brasileiros de ferro, manganês e bauxita através de investidores privados norte-americanos. Podem ser necessários créditos importantes do governo dos Estados Unidos para facilitar essa exploração". *Dispatch From the Ambassador in Brazil (Briggs) to the Department of State*, *'No. 724'*, *'Item III'*, *'subitem 3'*, FRUS, 1955-1957, Volume VII, documento nº 372, 31 Dez. 1957.

31 *JOIN WEEKA Nº 48 for State, Army, Navy and Air Departments Part II*, *'Economic'*, 30 Nov. 1956, NARA-M1511: 732.00(w)/11-3056. O acordo de exploração mineral foi

sim como geólogos norte-americanos trabalhavam tanto na identificação de reservas de zinco,[32] como no mapeamento de depósitos de ferro.[33]

O setor privado norte-americano acompanhava diretamente o desenrolar das descobertas e buscava identificar as melhores oportunidades para investir neste setor, principalmente no que se referia ao ferro[34] e à bauxita.[35] Conforme já citado, a Embaixada recomendava tais inversões e, em momento algum, emitiu avisos sobre alguma instabilidade política ou restrição

---

renovado no final de 1956, sem maior repercussão na imprensa brasileira. Havia durante o governo Vargas uma tentativa de melhor aproveitar os recursos minerais atômicos brasileiros, através de acordos de aquisição de equipamentos junto à Alemanha para o futuro desenvolvimento de tecnologias nucleares que poderiam ajudar o país a atender tal objetivo. Contudo, o governo norte-americano ofereceu oposição ferrenha a esse intento que vinha sendo conduzido pelo Almirante Álvaro Alberto da Mota e Silva com apoio do então presidente Getúlio Vargas. Com a morte de Vargas, toda a articulação para o desenvolvimento das pesquisas foi desmontada durante o governo Café Filho e o acordo que mencionamos com os EUA fora estabelecido apenas para exploração conjunta do mineral, da maneira que desejavam os norte-americanos (Ver BANDEIRA, *op. cit.*, capítulo XLII).

32 *JOIN WEEKA N° 32 for State, Army, Navy and Air Departments Part II, 'Economic'*, 10 Ago. 1956, NARA-M1511: 732.00(w)/8-1056.

33 *FOREIGN SERVICE DISPATCH, 'Inquires of U.S. Businessmen re U.S. Foreign Aid'*, 28Dez. 1956, NARA-M1511: 732. 5-MSP/12-2856.

34 *JOIN WEEKA N° 14 for State, Army, Navy and Air Departments Part II, 'Economic'*, *'American Investment Interest in Brazil'*, 6 Abr. 1956, NARA-M1511: 732.00(w)/4-656. Ver também os interesses nos minérios para produção de aço pela Cyrus-Eaton e Rockfeller: *JOIN WEEKA N° 16 for State, Army, Navy and Air Departments Part II, 'Economic'*, 20 Abr. 1956, NARA-M1511: 732.00/4-2056.

35 Em fevereiro de 1957 a empresa, Reynolds Metals Company, então uma das maiores do mundo no setor de alumínio, requisita à Força Aérea norte-americana fotos aéreas sobre áreas em território brasileiro onde possíveis reservas de bauxita podem estar depositadas. Até onde sabemos, a empresa não obteve autorização do governo brasileiro para receber o material elaborado mediante acordo entre os dois países. *DEPARTMENT OF STATE INSTRUCTION, 'Request for release of aerial photographs of area in Brazil to REYNALDS METAL COMPANY, Little Rock, Arkansas'*, 6 Fev. 1958, NARA-M1511: 732.022/2-658 e *FOREIGN SERVICE DISPATCH, 'Request for release of aerial photographs of area in Brazil to REYNALDS METAL COMPANY'*, 26 Fev. 1958, NARA-M1511: 732.022/2-2658.

por parte da sociedade local. Houve, em alguns casos, questionamento público por parte da oposição ao governo, gerando certa publicidade negativa em relação aos negócios norte-americanos, mas, apesar das controvérsias, ao que consta nos registros da Embaixada, não se vislumbraram prejuízos significativos aos interesses daquele país.

Pelas informações da Embaixada, houve, nesta época, denúncias feitas no Congresso Nacional, por deputados da UDN e pela esquerda nacionalista, em relação à venda de areias monazíticas aos Estados Unidos por preços subfaturados em prejuízo do Estado brasileiro.[36] A verdadeira perda para o país, todavia, ocorreu em virtude da denúncia por parte dos EUA de um acordo feito em 1952, em que este, a princípio, se comprometeria a comprar quantidades determinadas do referido produto e seus derivados até o ano de 1955 por um preço pré-fixado conjuntamente. Este acordo tinha por objetivo pagar os investimentos necessários feitos para a lavra e o tratamento do material antes do embarque. Com o ato unilateral dos Estados Unidos, somente o lado brasileiro é que teve seus interesses afetados, já que os EUA, mesmo sob o protesto brasileiro, não cumpriram com seus compromissos, fazendo com que o país aceitasse um novo trato.[37] Em realidade, este novo trato foi assinado pelo governo Café Filho, que tinha vínculos estreitos com os EUA (BANDEIRA, *op. cit.*, p. 500-502).

Esta matéria prima tinha fins estratégico-militares e o que havia ocorrido, em realidade, era que Estados Unidos haviam descoberto novas fontes em seu próprio território e na África do Sul. Adquiriu do Brasil uma quantidade suficiente para 6 anos de consumo, eliminando sua dependência em relação às barganhas que o Brasil vinha praticando para conseguir financiamentos públicos norte-americanos (BASTOS, *op. cit.*, p. 452-454). As denúncias

---

36 *JOIN WEEKA N° 29 for State, Army, Navy and Air Departments Part I, 'Political'*, 20 Jul. 1956, NARA-M1511: 732.00(w)/7-2056.

37 Memorandos sobre terras raras no Brasil (descrição do caso): *JOIN WEEKA N° 16 for State, Army, Navy and Air Departments Part II, 'Economic'*, 20 Abr. 1956, NARA-1511: 732.00/4-2056 e *FOREIGN SERVICE DISPATCH, '1958 Minerals Report'*, 19 Mai. 1960, NARA-C80: 832. 25/5-1960.

políticas, da mesma forma, não mais do que provocaram um novo arranhão à já desgastada imagem dos Estados Unidos na América Latina.

Outro caso emblemático seria o da empresa Hanna Co. No início dos anos 1950, esta companhia mineradora norte-americana, ligada ao Secretário do Tesouro daquele país, George Humphrey, tentou adquirir uma jazida de manganês na Serra do Navio, mas acabou perdendo o negócio para sua concorrente, Bethlehem Steel Co. (BANDEIRA, *op. cit.*, p. 470). Posteriormente, participou de um consórcio que, em conjunto com outras empresas dos EUA e da Europa, adquiriu uma mina de ouro onde, na mesma propriedade, haveria depósitos de minério de ferro.[38] A Embaixada registra que a empresa vinha enfrentando oposição por parte da Companhia Vale do Rio Doce, reforçada por políticos ultranacionalistas, para conseguir instalar-se. Informa também que foi atacada por deputados federais e pela imprensa local.[39] Ao que consta, a empresa teria até recebido apoio de Roberto Campos no Conselho de Desenvolvimento Econômico, durante o governo JK, conforme depoimento de Casimiro Ribeiro (RIBEIRO, 1981, p. 114) ao CPDOC da Fundação Getúlio Vargas, mas não chegou a ter participação expressiva na produção mineral brasileira. O que talvez seja mais relevante seria a própria tendência por parte do governo norte-americano em reduzir os investimentos públicos para o Brasil nesta época, dando como opção a oportuna disponibilidade de capitais privados.

Como já dito, dentro do que foi estudado, não consta, por parte da representação norte americana no Brasil, a percepção de uma ameaça relevante ao fornecimento de materiais estratégicos aos EUA, assim como, no que se refere às intenções do capital norte-americano, não se verificava o entendimento de

---

[38] "(...) a mina de ouro de São João del Rey foi vendida, conforme informado, a um grupo de investidores norte-americanos, cujo principal interesse são (...) grandes depósitos de minério de ferro (...)". FOREIGN SERVICE DISPATCH, *São Paulo Weekly Summary N° 16*, 'Liquidation of British Investments in Brazil', 15 Fev. 1957, NARA-M1511: 732.00/2-157.

[39] MEMORANDUM FOR THE FILES, 'Brazilian Rare Earth Negotiations', 9 Set. 1960, NARA-C80: 832. 25/9-960. FOREIGN SERVICE DISPATCH, 'An Appraisal of the Opposition in Brazil to the Iron-Ore Export Project of a Subsidiary of the M.A. Hanna Company of Cleveland, Ohio', 31 Ago. 1960, NARA-C80: 832. 2541/8-3160.

que haveria um cerceamento aos seus interesses no país. O que se observou como ação por parte da burocracia estatal dos Estados Unidos no Brasil, por seu turno, foi o intenso acompanhamento em relação à exploração e ao comércio daqueles produtos, fosse por meio do levantamento de informações junto aos órgãos que tratavam do assunto, fosse, ao dar assistência às empresas com investimentos no Brasil, por meio dos contatos junto a políticos e pessoas influentes dentro do país. Considerando que pessoas diretamente ligadas aos negócios privados faziam parte dos altos escalões funcionais do governo Eisenhower, tais pesquisas, acreditamos, de forma alguma, faziam parte de uma busca pelo conhecimento científico.

A questão do Petróleo

Em virtude de ser o ramo do petróleo e seus derivados, no Brasil, um setor monopolizado pelo Estado, optamos por separá-lo da seção anterior, pois, nesse caso, a discricionariedade estatal brasileira não ia ao encontro do interesse norte-americano. Tratava-se, portanto, de uma exceção ao acesso que tinham os EUA para investir e explorar outros produtos minerais. Os norte-americanos aparentavam tolerar a situação, mas não haviam desistido de quebrar o monopólio. Tal aquiescência possa ser talvez justificada pela própria exiguidade das reservas brasileiras – que sequer atendiam às necessidades do país –,[40] como pela volatilidade explosiva que tinha o tema ante uma opinião pública ainda bastante sensibilizada pela Carta Testamento de Getúlio Vargas.[41] As empresas petrolíferas já estavam prontas para investir e houve mesmo certa movimentação por parte do governo Café Filho para revisão da Lei 2.004 de 1953 (BANDEIRA,

---

40 Novamente salientamos o caso do Irã e da derrubada de Mossadegh pela CIA, em 1953, por ter aquele nacionalizado as companhias de petróleo. No Irã, diferentemente do Brasil, já se confirmara uma das maiores reservas do produto no mundo.

41 "Denunciando a ação do imperialismo em sua Carta Testamento, Vargas conseguiu, com sua morte, desencadear as maiores manifestações antiamericanas da história do Brasil, quando multidões furiosas atacavam empresas e consulados ianques por todo o país" (SCHILLING, *op. cit.*, p. 46).

op. cit., p. 498-499), entretanto, havendo JK se comprometido com a continuidade da Petrobrás, talvez o custo benefício, em meio às incertezas quanto a novas descobertas,[42] e ante uma comoção pública ainda não apaziguada, não fosse tão vantajoso. Uma pressão excessiva sobre o governo brasileiro, além disso, poderia colocar em risco toda uma relação de interesses entre os dois países que, de um modo geral, vinha sendo bem encaminhada.

O que é verificável na documentação diplomática disponível é que parte da atuação da representação dos Estados Unidos pautava-se em atualizar informações sobre o comércio, a prospecção e a produção de petróleo no Brasil, em tentar atender os interesses das empresas petrolíferas norte-americanas que forneciam óleo cru e operavam a distribuição local de derivados e, por fim, em explorar brechas políticas, no sentido de abrir espaço para a entrada do interesse privado norte-americano no referido setor.[43]

---

[42] Em reunião entre a empresa Standard Oil e o Departamento de Estado dos EUA, o entendimento deste órgão é o de incerteza quanto a novas descobertas e de impossibilidade de o Brasil tornar-se autossuficiente em petróleo. *DEPARTMENT OF STATE, Memorandum of Conversation, 'Petrobras'*, 13 Jul. 1960, NARA-C80: 832. 2553/7-1360.

[43] Listamos a seguir alguns documentos que fundamentam nossas asserções. *DEPARTMENT OF STATE, Memorandum of Conversation, 'Oil Shale Development in Brazil'*, 21 Mar. 1960, NARA-C80: 832. 2553/3-2160. *FOREIGN SERVICE DISPATCH, 'Possible New Approach to Foreign Oil Companies for Additional Credits an Rumor of French and British Credits to Petrobras'*, 31 Mar. 1960, NARA-C80: 832. 2553/3-3160. *Department of State, OUTGOING TELEGRAM,'No. G-488'*, 31 Mar. 1960. *DEPARTMENT OF STATE, Memorandum of Conversation, 'Effect on U.S. Esso Petroleum of Implementation New Order under Brazilian SUMOC Instruction 181'*, 18 Mai. 1960, NARA-C80: 832. 2553/5-1860. *DEPARTMENT OF STATE, Memorandum of Conversation, 'SUMOC 181'*, 20 Mai. 1960, NARA-C80: 832. 2553/5-2060. *Department of State, OUTGOING TELEGRAM*, 9 Jun. 1960, NARA-C80: 832. 2553/6-960. *DEPARTMENT OF STATE, Memorandum of Conversation, 'Petrobras'*, 13 Jul. 1960. *DEPARTMENT OF STATE, Memorandum of Conversation, 'TEXACO'S Problems in Brazil'*, 30 Nov. 1960 NARA-C80: 832. 2553/11-3060. *FOREIGN SERVICE DISPATCH, 'Nationalization of ATLANTIC*

Não há evidência, por outro lado, quanto a um possível posicionamento de confronto direto com o governo brasileiro ou de sabotagem ao desenvolvimento da Petrobrás, mas, originando-se de diferentes fontes, fica clara uma busca constante por acabar com a restrição brasileira à entrada dos capitais norte-americanos naquele setor mineral.

O acompanhamento pelos órgãos norte-americanos quanto à evolução da exploração das jazidas no Brasil tem documentação mais detalhada e volumosa a partir de 1960.[44] Neste período, assim como ocorria com os outros recursos minerais, a Embaixada e os consulados trabalhavam para reunir periodicamente dados atualizados sobre descobertas, prováveis reservas, produção e refino.

No que se refere ao apoio do Departamento de Estado às empresas petrolíferas norte-americanas que atuavam no Brasil, o que se pode constatar é que havia o fornecimento de informações[45] e algumas ações de proteção àqueles interesses no país. O registro de memorandos de conversa entre

---

REFINING COMPANY OF BRAZIL – second American distributor of petroleum products becomes Brazilian corporation', 12 Dez. 1960, NARA-C80: 832. 2553/12-1260.

44 Na documentação disponível para o período antes de 1959, é mais comum encontrar dados sobre a questão do petróleo em relatórios sobre informações do Brasil repassadas ao Departamento de Estado semanalmente. Um exemplo seria um despacho do serviço exterior emitido pela Embaixada em março de 1956, com destino ao Departamento de Estado, em que, entre outros assuntos, se comenta um projeto de lei para o monopólio da distribuição de combustíveis pela Petrobrás e, em um outro item, informa-se o insucesso de algumas das perfurações feitas no Brasil. *Joint Weeka, n°11 for State, Army, Navy and Air Department*, 'Draft Bill extends Petrobras Monopoly to Distribution' e 'Petrobras Drills Dry Holes', 23 Mar. 1956, NARA-M1511: 732.00(w)/3-2356.

45 Um exemplo é o pedido de informações por parte da *Continental Oil Company* para que o governo dos EUA verifique a possibilidade desta empresa utilizar-se no Brasil de subprodutos de petróleo para produção de petroquímicos. O que é prontamente atendido. *Department of State Instruction A-166*, 'Police Regarding Petroleum Refinery By-products for the Petrochemical Industry', 5 Dez. 1960, NARA-C80: 832. 3932/12-560. *FOREIGN SERVICE DISPATCH*, 'Decree Establishing Regulations For Manufacture of Lubricant Oils and Grease', 28 Dez 1960, NARA-C80: 832. 3932/12-2860.

graduados representantes dessas firmas e funcionários de alto escalão do governo dos EUA mostra como tais grupos buscavam informar situações ao Estado norte-americano e requisitar medidas deste ante as ações da burocracia brasileira.[46]

A emissão da Instrução SUMOC (Superintendência da Moeda e do Crédito) no. 181 de abril de 1959, por exemplo, que determinava o transporte de óleo cru em navios de bandeira brasileira, o que gerava ganhos ao país tanto na diferença de valores de frete quanto numa maior economia de divisas, foi um ato do governo brasileiro que gerou pedidos por parte das petrolíferas junto ao Estado norte-americano para que este interviesse em favor daquelas. Nas reuniões entre as empresas e os encarregados de governo, foram avaliados os casos e algumas ações, como notas oficiais de protesto, avisos de governo a governo sobre as consequências das medidas tomadas pelo Brasil e uma tentativa de negociação por parte dessas empresas junto ao governo brasileiro.[47] A ameaça mais contundente, entretanto, seria a do não cumprimento de contratos de fornecimento de óleo cru por parte dessas companhias, com o apoio do governo norte-americano, caso o Estado brasileiro insistisse na questão dos navios

---

FOREIGN SERVICE DISPATCH, 'Police Regarding Petroleum Refinery By-products for the Petrochemical Industry', 11 Jan. 1961, NARA-C80: 832. 3932/1-1161.

46 Atas dereunião do Departamento de Estado com *Standard Oil* de Nova Jersey: *DEPARTMENT OF STATE, Memorandum of Conversation*, 'Petrobras', 13 Jul. 1960, NARA-C80: 832. 2553/7-1360 e *DEPARTMENT OF STATE, Memorandum of Conversation*, 'Effect on U.S. Esso Petroleum of Implementation New Order under Brazilian SUMOC Instruction 181', 18 Mai. 1960, NARA-C80: 832. 2553/5-1860. Ata de reunião do Departamento de Estado com a *Gulf Oil: DEPARTMENT OF STATE, Memorandum of Conversation*, 'SUMOC 181', 20 Mai. 1960, NARA-C80: 832. 2553/5-2060. Ata de reunião do Departamento de Estado com aTexaco: *DEPARTMENT OF STATE, Memorandum of Conversation*, 'Petrobras', 13 Jul. 1960. *DEPARTMENT OF STATE, Memorandum of Conversation*, 'TEXACO'S Problems in Brazil', 30 Nov. 1960 NARA-C80: 832. 2553/11-3060.

47 Documento em que discute as ações contra Instrução SUMOC 181 de abril de 1959: *DEPARTMENT OF STATE, Memorandum of Conversation*, 'Effect on U.S. Esso Petroleum of Implementation New Order under Brazilian SUMOC Instruction 181', 18 Mai. 1960, NARA-C80: 832. 2553/5-1860.

nacionais, quebrando os acordos previamente estabelecidos.[48] A repreensão, todavia, tratou de uma exceção (ou seja, dos compromissos já assumidos) e não exigiu a revogação da nova regra pela SUMOC. Há, dessa maneira, quanto aos interesses mais imediatos, algum tipo de pressão sobre o Brasil, mas o tratamento dado não parece ter-se pautado pela intransigência.

O governo dos Estados Unidos, mesmo informado das dificuldades políticas junto aos militares[49] e à esquerda brasileira para acabar com o monopólio da Petrobrás, ainda insistiam em ações para eliminá-lo.[50] Sua estratégia baseava-se numa retórica diplomática de apoio à livre iniciativa, ressaltando os ganhos que ela traria ao Brasil com os investimentos privados e, quando possível, se utilizavam do oportunismo ante problemas econômicos momentâneos para levantar o assunto e tentar alterar a posição brasileira.[51]

Um exemplo da mencionada retórica se observa no entendimento de que o reincidente problema cambial brasileiro devia-se, além das oscilações no preço do café, ao monopólio do setor petrolífero.[52] Realmente, um dos principais

---

48 Instrução via telegrama do Departamento de Estado para a Embaixada. *Department of State, OUTGOING TELEGRAM,* 9 Jun. 1960, NARA-C80: 832. 2553/6-960.

49 Informe ao governo dos EUA de que a posição dos militares brasileiros é da exploração do petróleo exclusivamente por parte do Brasil. *Office Memorandum, United States Government,* 'Attitude of Brazilian Military Toward Petroleum', 20 Jun. 1956, NARA-M1511: 732.00/6-2056.

50 A Embaixada norte-americana informa que, em conversa com o Marechal Lott, este explicou ao embaixador norte-americano que não há como mudar a lei do petróleo no Brasil em virtude do ambiente político e das críticas nacionalistas da esquerda. *Incoming Telegram Department of State,* 15 Ago. 1956, NARA-M1511: 732. 5-MSP/8-156.

51 Declaração de Política Externa dos Estados Unidos para a América Latina de 1956 e de 1959: *National Security Council Report (NSC5613/1),* 'STATEMENT OF POLICY ON U.S. POLICY TOWARD LATIN AMERICA', FRUS, 1955-1957, Volume VI, documento n° 16, 25 set. 1956 e *National Security Council Report,* 'STATEMENT OF U.S. POLICY TOWARD LATIN AMERICA' (NSC 5902/1), FRUS, 1958-1960, Volume V, documento n° 11, 16 fev. 1959.

52 Um dos principais itens de importação na pauta comercial do balanço de pagamentos era justamente o petróleo e seus derivados, o que tornava o país alvo de contínuas críticas no que se referia ao estatismo da Petrobrás.

problemas no balanço de pagamentos do Brasil era o alto valor dentro da pauta de importações do item óleo cru e derivados. Para os estadistas norte-americanos, era bastante conveniente o argumento de que o desequilíbrio cambial poderia muito bem ser corrigido caso o mercado do petróleo fosse aberto ao setor privado estrangeiro.[53] A retórica parece um tanto simplista, já que o monopólio havia sido estabelecido há apenas alguns anos e não havia, naquele momento, mesmo por parte das empresas petrolíferas norte-americanas, qualquer previsão que, a médio ou longo prazo, confirmasse a possibilidade de se encontrar reservas suficientes para sanar o problema brasileiro.[54]

Em outra ocasião, durante a Crise do canal de Suez, em 1956, Herbert Hoover, Subsecretário de Estado, informou à representação norte-americana que, em reunião com o embaixador brasileiro nos EUA, Amaral Peixoto, o Secretário de Assuntos Interamericanos, Roy Rubbottom, aproveitou-se da situação e propôs ao funcionário brasileiro que este sugerisse ao seu governo a utilização da questão no Oriente Médio – que provavelmente causaria um choque na oferta de petróleo – para demonstrar à população a vulnerabilidade do Brasil em relação ao produto e, assim, incentivar a abertura do mercado ora monopolizado.[55]

---

[53] Comentário de que o problema no balanço de pagamentos poderia ser melhorado se o mercado de petróleo fosse aberto aos países estrangeiros, conforme Holland em jantar na Casa Branca. *Memorandum of Conversation, 'Remarks at White House Dinner about Brazil',* 4 Abr. 1955, NARA-M1511: 732. 5-MSP/4-255. Petrobrás é a raiz do problema cambial, conforme representante Dunn da Embaixada norte-americana. *Incoming Telegram Department of State,* 11 Jun. 1955, NARA-M1511: 732.00/6-1155. Position Paper para reunião com o presidente eleito, JK. Afirma-se que se espera do presidente JK que este resolva o problema do petróleo no balanço de pagamentos. Também há a sugestão de que o Brasil deva adotar passos "realistas" para a exploração do petróleo. *Office Memorandum, United States Government, 'Drafts of Position Paper for Kubitschek Visit',* 19 Dez. 1955, NARA-M1511: 732. 11/12-2055.

[54] DEPARTMENT OF STATE, *Memorandum of Conversation, 'Petrobras',* 13 Jul. 1960, NARA-C80: 832. 2553/7-1360.

[55] Num telegrama ao Departamento de Estado, a Embaixada informa que JK já havia manifestado que era a favor da abertura do setor petrolífero às empresas estrangeiras: "Compreenda-se que não estando preparado para fazer qualquer declaração pública referente ao problema do petróleo, em discussões confidenciais com funcionários

Em suma, na exploração e produção do petróleo brasileiro, os interesses dos Estados Unidos não foram satisfeitos. Ao que consta, ações para que a situação se tornasse mais favorável àquele país vinham sendo encaminhadas, não havendo, por outro lado, registro de iniciativas políticas muito agressivas ou algum tipo de intervenção coercitiva. Ao que parece, a Embaixada norte-americana e a Secretaria de Estado, neste momento, resguardavam-se de um conflito aberto para que, em circunstâncias mais propícias, pudessem realmente quebrar a resistência brasileira.

A Contenção do Comunismo

O medo comunista, como já dito, fazia parte da retórica política do governo dos Estados Unidos. Isto aparece tanto em suas declarações de política externa para a América Latina, quanto nos relatórios de acompanhamento da conjuntura política local por parte dos órgãos de representação e inteligência localizados na região. A manutenção de um bloco de países americanos alinhados à política externa dos EUA também aparece como fator a requerer atenção por parte da burocracia governamental desse país. Entendiam estes que um possível neutralismo em relação aos Estados Unidos durante a Guerra Fria enfraqueceria sua influência internacional. Além disso, a propaganda de um modelo alternativo comunista de sociedade e as possibilidades de se estabelecer posições locais de barganha com a URSS para se conseguir vantagens junto ao governo norte-americano deveriam ser controladas por meio de uma pressão constante sobre os governos locais, exigindo-lhes medidas efetivas para acabar com o comunismo.

A visão pragmática dos Estados Unidos, nos anos 1950, em relação ao comunismo na América Latina, entretanto, era a de que, a não ser que houvesse uma guerra generalizada, dificilmente algum país da região cairia sob o domínio comunista, fosse pela violência, fosse pelos meios democráticos

---

norte-americanos, Kubitschek aludiu ao seu desejo de obter uma modificação da legislação da Petrobrás para permitir que empresas petroleiras estrangeiras participem do desenvolvimento dos recursos petrolíferos brasileiros". *Incoming Telegram Department of State,* 4 Jan. 1956, NARA-M1511: 732. 11/1-456.

convencionais (RABE, *op. cit.*, p. 40). Portanto, ao compararem tais riscos com os de outras regiões mais próximas ao bloco sino soviético, os norte-americanos não planejavam levantar recursos adicionais, em termos de ajuda financeira e militar, tendo em vista a contenção da propalada ameaça. Todavia, no que se referia ao embate político dentro de cada país, os EUA reconheciam que seus antagonistas eram influentes e bem organizados e que, com o apoio do bloco soviético, buscariam minar as relações bilaterais dos Estados Unidos com os países latino-americanos no sentido de enfraquecer a liderança deste no âmbito regional e internacional.[56]

---

[56] "6. Não há perigo de um ataque ostensivo comunista contra qualquer país latino-americano exceto no contexto de uma guerra generalizada. Os comunistas atualmente não têm perspectivas de adquirir o controle de nenhum estado latino-americano por meios eleitorais. Eles, no entanto, têm a capacidade de alcançar a participação direta na política nacional e nos governos de alguns países, (…). Além disso, o bloco soviético está procurando ampliar suas relações comerciais, econômicas e culturais com países latino-americanos não apenas por motivos econômicos, mas para perturbar nosso relacionamento amigável com a América Latina, para subverter os países da área e para destruir o sistema interamericano". *National Security Council Report (NSC5613/1), 'STATEMENT OF POLICY ON U.S. POLICY TOWARD LATIN AMERICA',* item 6, FRUS, 1955-1957, Volume VI, documento nº 16, 25 set. 1956. "5. No entanto, a situação na América Latina é mais favorável para atingir os objetivos norte-americanos do que em outras grandes áreas subdesenvolvidas. (…) Nenhuma das nações latino-americanas enfrenta uma ameaça imediata de agressão ostensiva ou de tomada do poder por comunistas. Consequentemente, em comparação com outros países subdesenvolvidos, a defesa e a segurança interna não precisam constituir uma carga tão grande nas energias e recursos latino-americanos (…). 6. Por outro lado, devemos considerar a probabilidade de um esforço político e econômico muito mais intenso do bloco na América Latina. Os comunistas têm atualmente capacidades limitadas lá, mas estão utilizando seus recursos com energia e inteligência. Seus objetivos imediatos são perturbar o relacionamento amigável com os Estados Unidos e promover políticas externas neutralistas. Os partidos comunistas latino-americanos procuraram, com resultados modestos, suspender seus objetivos revolucionários e se alinhar e trabalhar com todos os elementos realmente ou potencialmente hostis aos Estados Unidos em um esforço para influenciar os governos latino-americanos a desvincular-se da liderança norte-americana. Ao mesmo tempo, o

De acordo com os relatórios de Estado norte-americanos, existia, pelo lado externo, uma ação direta por parte da União Soviética junto aos países da América Latina, enquanto que internamente, apoiados por este mesmo país, atuariam os comunistas locais infiltrando-se nos partidos, sindicatos e burocracia estatal. Nas duas frentes, a ideia de tomada do poder por meio da revolução armada teria sido suspensa em favor de, primeiramente, fazer com que os países da região adotassem posições neutralistas nas suas relações exteriores, minando o apoio aos Estados Unidos nos fóruns internacionais. Entendiam os norte-americanos que o uso de uma retórica patriótica ultranacionalista, baseada numa crítica à subserviência dos latino-americanos à dominação norte-americana, seria um dos recursos utilizados pelos comunistas locais para sensibilizar políticos nacionalistas, intelectuais, estudantes e a população em geral. A seu favor, também se utilizariam da insatisfação com a pobreza local, da instabilidade política e econômica, assim como das deficiências no aparato de segurança interna desses países.[57]

---

    bloco sino-soviético está complementando os esforços dos partidos comunistas locais mediante um crescente esforço econômico, cultural e de propaganda planejado para suportar incentivos para uma posição mais imparcial nas questões leste-oeste e apresentar os Estados Unidos como o principal obstáculo para o progresso da América Latina. *National Security Council Report*, '*STATEMENT OF U.S. POLICY TOWARD LATIN AMERICA*' *(NSC 5902/1)*, itens 5 e 6, FRUS, 1958-1960, Volume V, documento nº 11, 16 fev. 1959.

57 "Os comunistas não são numericamente fortes na América Latina, mas sempre conseguem se identificar com sentimentos populares que já prevalecem, aproveitando-os para seus próprios fins. Eles se apresentam como os mais veementes e patrióticos democratas e nacionalistas já vistos, desta forma conquistando respeitabilidade e forçando a rapidez das transformações. Eles nutrem a tendência de intelectuais, estudantes e outros líderes de opinião de interpretar a situação local e o relacionamento com os EUA em termos marxistas. Seu objetivo imediato é conseguir essa influência em outros partidos radicais, na burocracia, na mão-de-obra organizada e na população para poder orientar as políticas do governo em sentido neutralista e antiamericana". *National Intelligence Estimate*, '*LATIN AMERICAN ATTITUDES TOWARD THE US*', Item 15, FRUS, 1958-1960, Volume V, documento nº 8, 2 Dez. 1958. "2. (…) d. Desenvolvimento de programas de segurança interna. O poder absoluto dos partidos comunistas latino-americanos não

Ainda segundo os Estados Unidos, a União Soviética, pela via diplomática, buscaria incrementar as relações diretas com esses países, fazendo uso da mesma retórica de subserviência e buscando estabelecer sua influência através de propaganda cultural e, principalmente, por meio de ofertas comerciais e de ajuda financeira.[58] Tais ofertas poderiam seduzir os latino-americanos,

---

é notável na atualidade. Contudo, fatores como sistemas políticos instáveis, sentimentos ultranacionalistas, forças de segurança internas inadequadas, pobreza e condições econômicas instáveis são suscetíveis de exploração pelos comunistas". *Operations Plan for Latin America Prepared by the Operations Coordinating Board,'OPERATIONS PLAN FOR LATIN AMERICA'*, item 2d, FRUS, 1958-1960, Volume V, documento n° 3, 28 Mai. 1958. "20. Atividades dos partidos comunistas. Com a assistência da ofensiva econômica e cultural do bloco comunista, os partidos comunistas locais na América Latina dedicaram assíduos esforços para o objetivo primordial de perturbar os tradicionais laços de amizade entre a América Latina e os Estados Unidos. Em geral eles, como os partidos comunistas na Ásia, Oriente Médio e certas partes da Europa, tenderam a suprimir os objetivos do comunismo revolucionário e a enfatizar a colaboração com nacionalistas, socialistas de esquerda e, certamente, quaisquer outros elementos que se opusessem à influência dos Estados Unidos. Os líderes comunistas na América Latina tinham como objetivo final o controle comunista do aparato estatal, porém, a partir de 1958, eles passaram, cada vez mais, a centrar-se no desenvolvimento de governos "neutralistas" na América Latina, conforme o modelo de Nasser no Egito, de Neru na Índia ou de Sukarno na Indonésia, almejando objetivos mais imediatos e atingíveis para a tática comunista. 21. Operações do Governo dos Estados Unidos. Do ponto de vista dos EUA, a tática comunista atual apresenta inúmeras dificuldades. Como resultado da supressão de seu objetivo de derrubada pela força de governos não comunistas e da sua atual ênfase em táticas "parlamentares", os comunistas em muitas regiões da América Latina foram conquistando cada vez mais a aceitação como partido político "legítimo" e seu estreito alinhamento com elementos nacionalistas não comunistas mostrou resposta favorável". *Special Report by the Operations Coordinating Board to the National Security Council,'SPECIAL REPORT ON LATIN AMERICA (NSC 5613/1)'*, itens 20 e 21, FRUS, 1958-1960, Volume V, documento n° 7, 26 Nov. 1958.

58 "6. (...) A URSS procura deformar nosso estreito relacionamento com as outras repúblicas americanas acusando os Estados Unidos de dominar e subjugar a América Latina e acusando os latino-americanos de serem subservientes aos Estados Unidos. A União Soviética é apoiada nestas acusações por comunistas locais muito veementes e outros elementos antiamericanos. Ocasionalmente os governos latino-americanos procuram enfatizar a sua

pois trariam benefícios tanto no sentido de abrir mercados em diversos países do bloco comunista, quanto no de socorrê-los ante os frequentes estrangulamentos que sofriam nas contas externas em virtude das recorrentes quedas de preços de seus produtos de exportação tradicionais. Além disso, a possibilidade de estabelecer algum tipo de barganha entre URSS e os EUA tornaria as propostas soviéticas ainda mais interessantes.[59]

Nas declarações de política externa, os burocratas do governo dos Estados Unidos, por seu turno, conjecturavam que, em meio à Guerra Fria, um distanciamento em relação aos países da América Latina poderia acarretar uma perda de influência e enfraquecer sua liderança, tanto no âmbito das relações interamericanas quanto nas instâncias multilaterais, principalmente na ONU (Organização das Nações Unidas).[60] Ademais, como já mencionado, a América

---

independência adotando posições em contradição e, às vezes, prejudiciais aos nossos interesses". *National Security Council Report (NSC5613/1), 'STATEMENT OF POLICY ON U.S. POLICY TOWARD LATIN AMERICA'*, item 6, FRUS, 1955-1957, Volume VI, documento n° 16, 25 set. 1956. "19. Atividades do Bloco Soviético. Embora o comércio do bloco soviético com a América Latina tenha declinado (redução de 24% em valor nos primeiros seis meses de 1958 em comparação com 1957), o bloco comunista continuou a aumentar sua ênfase política e de propaganda numa ofensiva econômica e cultural na América Latina e muitas ofertas foram feitas que podem resultar em um aumento futuro do comércio do bloco com a área". *Special Report by the Operations Coordinating Board to the National Security Council, 'SPECIAL REPORT ON LATIN AMERICA (NSC 5613/1)'*, item 19, FRUS, 1958-1960, Volume V, documento n° 7, 26 Nov. 1958.

59 "11. Relações mais estreitas entre a União Soviética e a América Latina vão contra os interesses de segurança dos Estados Unidos. Alguns latino-americanos podem responder favoravelmente a algumas ofertas do bloco soviético, especialmente para a ampliação do comércio, ou ameaçar aceitar tais ofertas soviéticas como uma forma de obter mais assistência norte-americana". *National Security Council Report (NSC5613/1), 'STATEMENT OF POLICY ON U.S. POLICY TOWARD LATIN AMERICA'*, item 11, FRUS, 1955-1957, Volume VI, documento n° 16, 25 Set. 1956.

60 "1. A América Latina desempenha um papel fundamental na segurança dos Estados Unidos. Face a prolongada ameaça prevista para o expansionismo comunista, os Estados Unidos devem depender muito do apoio moral e político da América Latina às políticas norte-americanas planejadas para agir contra esta ameaça. A deserção de

Latina teria um papel estratégico importante como fornecedora de matérias primas essenciais, inclusive para o caso de um eventual ataque nuclear.[61]

Considerando o patamar de ajuda econômica e militar concedido pelos Estados Unidos à Europa e Leste Asiático, a cooperação norte-americana dada em resposta às ações comunistas vislumbradas por seus agentes na América Latina refletia um menor grau de prioridade concedida para os países da região.[62] Nas declarações de política externa norte-americana para a América Latina realça-se a importância daquelas nações, assim como há a exortação ao bloqueio da influência sino-soviética para a defesa hemisférica,[63] contudo,

---

um número significativo de países latino-americanos para as fileiras do neutralismo, ou o exercício de uma influência controladora comunista sobre seus governos prejudicaria gravemente a capacidade dos Estados Unidos de exercer uma liderança eficaz do mundo livre, particularmente na ONU, e constituiria um ataque repentino ao prestígio norte-americano". *National Security Council Report*, 'STATEMENT OF U.S. POLICY TOWARD LATIN AMERICA' (NSC 5902/1), item 1, FRUS, 1958-1960, Volume V, documento n° 11, 16 Fev. 1959. "8. É fundamental que estreitemos nossos vínculos políticos com as outras repúblicas americanas e as conservemos associadas a nós em apoio às nossas políticas mundiais. A Organização dos Estados Americanos, com suas organizações subsidiárias, é um dos instrumentos primordiais através dos quais podemos obter esse resultado, evitando ao mesmo tempo qualquer aparência de ação ou intervenção unilateral". *National Security Council Report (NSC5613/1)*, 'STATEMENT OF POLICY ON U.S. POLICY TOWARD LATIN AMERICA', item 8, FRUS, 1955-1957, Volume VI, documento n° 16, 25 Set. 1956.

61 "14. Produção adequada e acesso a recursos e materiais essenciais para a segurança dos EUA e identificação de tais recursos e habilidades como suporte significativo para a recuperação dos EUA no caso de um ataque nuclear". *National Security Council Report*, 'STATEMENT OF U.S. POLICY TOWARD LATIN AMERICA' (NSC 5902/1), item 14, FRUS, 1958-1960, Volume V, documento n° 11, 16 Fev. 1959.

62 Para o Plano Marshall destinaram-se US$3,1 bilhões, enquanto para o Ponto IV de Truman (o maior direcionamento de recursos até aquele momento) foram destinados US$35 milhões (BASTOS, *op. cit.*, p. 446).

63 "6. (…) A implementação de políticas generosas e enérgicas norte-americanas na região é essencial se temos que frustrar o esforço soviético (…). Objetivos (…) 15. a. Manter as outras repúblicas americanas amigáveis em relação aos Estados Unidos e preservar seu apoio às nossas políticas mundiais. (…) d. Reduzir e eventualmente

são raros os registros contendo planos ou ordens para ações concretas que realmente pudessem modificar o cenário econômico e social local e que ultrapassassem a retórica burocrática.

Em 1958, num relatório emitido pela CIA, confirmou-se que haveria um incremento na demanda por melhores condições de vida por parte da população dos países latino-americanos e que isso se refletiria num aumento dos pedidos de ajuda aos EUA. Mesmo informados, estes não planejavam atendê-los.[64] A ajuda financeira não foi do vulto que se esperava, já que as expectativas latino-americanas, conforme os norte-americanos, não passavam de compreensão errônea do verdadeiro desejo dos EUA de participação no

---

eliminar a influência do bloco soviético e comunista na área. (...) f. Obter participação e o apoio nas medidas para defender o hemisfério". *National Security Council Report (NSC5613/1), 'STATEMENT OF POLICY ON U.S. POLICY TOWARD LATIN AMERICA',* itens 6 e 15, FRUS, 1955-1957, Volume VI, documento n° 16, 25 Set. 1956. "Objetivos. (...) 8. Maior compreensão e apoio latino-americano quanto às políticas mundiais norte-americanas assim como maior reconhecimento dos interesses construtivos dos EUA ante as aspirações latino-americanas. (...) 12. Máxima limitação da influência do bloco comunista e sino-soviético e maior conscientização sobre a natureza e a ameaça do comunismo internacional na América Latina. 13. Obter a participação latino-americana e seu apoio para as medidas de defesa do hemisfério sob a liderança norte-americana". *National Security Council Report, 'STATEMENT OF U.S. POLICY TOWARD LATIN AMERICA' (NSC 5902/1),* itens 8, 12 e 13, FRUS, 1958-1960, Volume V, documento n° 11, 16 Fev. 1959.

64 "2. Acreditamos que seja pouco provável que as atitudes latino-americanas em relação aos EUA mudem substancialmente para melhor nos próximos anos. Na maior parte da região, uma crescente população com expectativas econômicas desmesuradas farão com que os governos tentem cada vez mais um desenvolvimento econômico muito além das suas próprias possibilidades. Como consequência, tais governos pressionarão mais energicamente para obter incrementos na assistência dos EUA. Na medida em que os EUA não consigam satisfazer tais solicitações, tais países adotarão a atitude de que os EUA estão sendo pouco amigáveis. (...)". *National Intelligence Estimate, 'LATIN AMERICAN ATTITUDES TOWARD THE US',* Item 2, FRUS, 1958-1960, Volume V, documento n° 8, 2 Dez. 1958.

desenvolvimento da região.[65] No campo militar, da mesma maneira, a assistência não viria com maiores incentivos, pois a política dos EUA era a de, por um lado, padronizar o equipamento na América Latina e fazer com que aqueles se tornassem os únicos fornecedores; por outro, limitar a oferta local de material bélico ao mínimo necessário à segurança interna e à proteção da costa e dos pontos estratégicos de cada território.[66] Isso demonstra a desconfiança

---

65 "17. A má interpretação das políticas e objetivos dos Estados Unidos continuou a ser, da mesma maneira, o principal impedimento para a realização de suas metas na América Latina. Isto serve para realçar a necessidade de que as agências do governo norte-americano venham a contribuir para uma explicação coordenada e enérgica-quanto aos objetivos dos Estados Unidos na região e quanto ao que estes esperam dos latino-americanos como contribuição para a solução dos problemas individuais e comuns das nações na região. (…) c. Um conceito que se sustenta tenazmente na região é o de que os Estados Unidos contam com recursos ilimitados, levando os latino-americanos a inferir que o "insucesso" na solução dos seus problemas de desenvolvimento econômico e social seja o resultado da indiferença ou da malevolência dos norte-americanos. Embora alguns latino-americanos mais esclarecidos tenham a compreensão intelectual quanto tamanho do fardo imposto aos recursos dos Estados Unidos para a defesa e a ajuda externa, muitos não são capazes de compreender por que os Estados Unidos não podem, mesmo que fosse possível, devotar um esforço para a América Latina do escopo do Plano Marshall ou do nosso programa de ajuda à Ásia nos últimos anos. Ao mesmo tempo, não é do interesse dos Estados Unidos admitir limitações econômicas de maneira a dar a impressão de que os Estados Unidos são menos capazes ou menos interessados em ajudar em seus problemas do que, por exemplo, a União Soviética". *Special Report by the Operations Coordinating Board to the National Security Council,'SPECIAL REPORT ON LATIN AMERICA (NSC 5613/1)'*, item 17, FRUS, 1958-1960, Volume V, documento nº 7, 26 Nov. 1958.

66 "22. Problemas militares a. Relações militares interamericanas. Apesar dos esforços dos EUA para influenciar os países latino-americanos a limitar o tamanho e o tipo das suas forças armadas, há um problema permanente de resistência por parte dos países latino-americanos a sugestões de que planejem e empreguem suas forças militares em consonância com as funções e missões de manter sua própria segurança interna, proporcionando uma contribuição à defesa do hemisfério ocidental mediante a defesa de águas costeiras, portos e proximidades a esses lugares, bases, áreas estratégicas e instalações localizadas dentro do território de cada nação, e rotas de comunicação associadas. (…) b. Interesse latino-americano em equipamentos militares excessivos.

que tinham em relação aos governos locais. Estados bem armados podem demandar esforço muito maior para manterem-se sob influência e controle.

O apoio dos Estados Unidos aos pedidos dos países latino-americanos ficaria, portanto, mais restrito ao campo da retórica e da propaganda, mesmo que considerassem a região importante estrategicamente.[67] A ajuda fornecida, contudo, não deixaria de ser significativa para muitos projetos nacionais, mas ainda permaneceria distante daquilo que se requeria. Outras medidas poderiam ser tomadas pelos EUA, caso houvesse uma aproximação mais importante com o bloco soviético, todavia, quando se conjecturava tal hipótese, não estavam definidas que tipo de ações realmente poderiam ser providenciadas.[68]

Continua sendo a política geral dos Estados Unidos desestimular os países latino-americanos a adquirirem equipamentos militares através de programas de subsídios ou de vendas, já que isto seria inadequado para os objetivos estabelecidos pela política nacional e pelos atuais conceitos estratégicos dos EUA. Apesar dos constantes esforços norte-americanos frente a esta tendência, espera-se que o desejo dos países latino-americanos por tais equipamentos continue, assim como sua aquisição através de fontes não norte-americanas, principalmente da Europa Ocidental. *Special Report by the Operations Coordinating Board to the National Security Council, 'SPECIAL REPORT ON LATIN AMERICA (NSC 5613/1)'*, item 22, FRUS, 1958-1960, Volume V, documento n° 7, 26 Nov. 1958.

67 "4. Conclusão. À luz do que foi exposto e em prol da realização de nossa política para a América Latina, faz-se necessário, em todos os momentos, tornar públicos os fatos relacionados à atenção e à assistência norte-americanas para o desenvolvimento da América Latina, incluindo atividades públicas e privadas planejadas para ajudar a América Latina a atingir suas aspirações. (...) A posição dos Estados Unidos como líder mundial, no sentido de manter a cooperação e a admiração latino-americanas, deve ser realçada pela: a. demonstração do alcance, da profundidade e da liberdade da cultura norte-americana; b. demonstração da dedicação norte-americana à preservação das liberdades políticas e individuais; e c. divulgação das inovações norte-americanas no campo da ciência e da tecnologia aplicada. *Operations Plan for Latin America Prepared by the Operations Coordinating Board, 'OPERATIONS PLAN FOR LATIN AMERICA'*, item 4, FRUS, 1958-1960, Volume V, documento n° 3, 28 Mai. 1958.

68 "11.(...) As propostas soviéticas só servem para enfatizar a urgência e a necessidade de realizar eficazmente as políticas norte-americanas, especialmente as políticas de crédito e comerciais, para demonstrar os benefícios derivados de um sistema de

No Brasil, da mesma forma que na América Latina, a questão do comunismo era tratada pelos Estados Unidos como uma das prioridades nas relações com o país. Mesmo assim, não existiu, por parte daqueles, uma atuação de grande envergadura no sentido de conter mais incisivamente os movimentos locais. Pressionava-se e esperava-se que o próprio governo brasileiro o fizesse.[69] Houve, todavia, um monitoramento contínuo, por parte da Embaixada e da CIA, quanto às atividades da esquerda brasileira, à atuação de Juscelino Kubitschek e à reaproximação do país com a União Soviética. Os reflexos do grau de perigo vislumbrado pelos norte-americanos podem ser verificados no tipo de relações financeiras e militares estabelecidas nessa época com o Brasil.

Para os agentes norte-americanos, conforme relatório da CIA de janeiro de 1957, a esquerda comunista brasileira era bem organizada e financiada,

---

livre empresa e de estreito relacionamento com os Estados Unidos. Devemos, contudo, estar preparados para adotar as ações apropriadas para a caso de um Estado latino-americano estabelecer estreitos vínculos econômicos ou de outro tipo com o bloco soviético. *National Security Council Report (NSC5613/1), 'STATEMENT OF POLICY ON U.S. POLICY TOWARD LATIN AMERICA',* item 11, FRUS, 1955-1957, Volume VI, documento n° 16, 25 Set. 1956.

69 O Secretário de Estado, John Foster Dulles, em diversos momentos, pede, direta e indiretamente, ao governo brasileiro atenção para a questão da infiltração comunista. Em telegrama enviado pelo Departamento de Estado à Embaixada norte-americana na Alemanha, Dulles orienta a seus funcionários que alertem JK (em viagem pela Europa) sobre o comunismo. *OUTGOING TELEGRAM, Department of State,* 4 Jan. 1956, NARA-M1511: 732. 11/1-456. O Departamento de Estado norte-americano pede aos representantes dos países visitados por JK que o impressionem sobre o perigo do comunismo. *Office Memorandum, United States Government, 'Bonn's 2193',* 5 Jan. 1956, NARA-M1511: 732. 11/1-556. Em reunião com o secretário, John Foster Dulles, nos EUA, ao ser abordado pelos norte-americanos sobre o comunismo, JK afirma ser anti-comunista. *DEPARTMENT OF STATE, Memorandum of Conversation, 'President-elect Kubtischek Talk with the Secretary of State',* 6 Jan. 1956, NARA-M1511: 732. 11/1-656. Em outra reunião com representantes do Departamento de Estado norte-americano é solicitado a JK cooperação anti-comunista no campo da espionagem. *'Memorandum of Conversation with President-elect Kubtischek',* 25 Jan. 1956, NARA-M1511: 732. 11/1-2556.

estava infiltrada em diversos órgãos de governo e tinha uma imprensa bastante influente. Poderia muito bem aliar-se a ultranacionalistas no Congresso e no exército, além de explorar o já excitado nacionalismo popular.[70] Num relatório da CIA, entretanto, há a manifestação de que os comunistas sozinhos não tinham condições de ameaçar seriamente a administração JK, logo, buscariam dar suporte às medidas de governo que fossem contra a oposição de extrema direita, enquanto criticariam as ações pró-Estados Unidos.[71]

Os comunistas, a princípio, apoiaram a chapa de Juscelino Kubitschek nas eleições para presidente de 1955 e, segundo a Embaixada norte-americana, esperavam, dessa maneira, atingir os seguintes objetivos:[72]

1. Anistia abrangente e irrestrita que favorecesse Luís Carlos Prestes e outros líderes comunistas criminalizados pelo governo Dutra;
2. Restauração da legalidade do Partido Comunista;
3. Reatamento das relações diplomáticas com a União Soviética e expansão das relações comerciais com o bloco comunista.

Em maio de 1959, tendo em vista a campanha para presidente do ano seguinte, o Departamento de Estado ainda consideraria que os comunistas no Brasil não tinham condições de promover insurreições desestabilizadoras[73] ou exercer um papel dominante nas eleições vindouras. Todavia, não deixa-

---

70 A burocracia norte-americana compreendia que o nacionalismo era inevitavelmente oposto aos interesses norte-americanos e que, portanto, seria ela uma base importante em que se apoiariam politicamente os comunistas. *MEMORANDUM, 'Ultra-Nacionalism and U.S.-Brazilian Relations'*, 9 Out. 1959, NARA-M1511: 732.00/10-959.

71 *National Intelligence Estimate n° 93-57, 'PROBABLE DEVELOPMENTS IN BRAZIL'*, CIA, 8 Jan. 1957.

72 *FOREIGN SERVICE DISPATCH, 'Political Position of Kubitschek Administration'*, 7 Mai. 1956, NARA-M1511: 732.00/5-756.

73 Alguns distúrbios ocorreram em dezembro de 1959, mas, mesmo assim, a Embaixada não os considerou importantes o suficiente para que alguma mudança política radical realmente acontecesse. *FOREIGN SERVICE DISPATCH, 'REVOLUTION IN THE AIR: Multiplying Signs of Political and Social Unrest'*, 28 Dez. 1959, NARA-M1511: 732.00/12-2859.

riam de salientar a crescente capacidade que tinham de influenciar a opinião pública e os ultranacionalistas, o que já vinha resultando em demandas por políticas externas mais independentes em relação aos Estados Unidos e maior aproximação com os soviéticos.[74]

No que se refere ao acompanhamento que se fazia da gestão Juscelino Kubitschek, este, desde sua candidatura à presidente, não era visto com maior desconfiança, mesmo tendo a necessidade de aliar-se ao PTB – partido que os norte-americanos consideravam altamente infiltrado por comunistas – e de ter sido suportado declaradamente por estes. Apoio este não consentido por JK publicamente.[75]

Terão maior certeza em relação à posição anticomunista de JK após os seus atos como presidente.[76] Com relação à política externa, verificarão que,

---

74 MEMORANDUM FOR THE PRESIDENT, *'Problems in United States-Brazilian Relations'*, 1 Mai. 1959, NARA-M1511: 732. 5-MSP/5-159. O crescimento do nacionalismo não era só percebido como propaganda esquerdista, mas também como um sentimento que vinha adquirindo força em virtude de uma insatisfação generalizada com relação, principalmente, aos Estados Unidos. *MEMORANDUM, 'Ultra-Nacionalism and U.S.-Brazilian Relations'*, 9 Out. 1959, NARA-M1511: 732.00/10-959.

75 Conforme Embaixada norte-americana, JK é apoiado por Varguistas, esquerdistas e industriais. *Department of State, INCOMING TELEGRAM*, 28 Jan. 1955, NARA-M1511: 732.00/1-2855. Receio de infiltração comunista no PTB (aliança com PCB) – *FOREIGN SERVICE DISPATCH, 'Joint Weeka n° 32'*, 12 Ago. 1955, NARA-M1511: 732.00(w)/8-1255. JK nega qualquer afinidade com comunistas nas eleições. *FOREIGN SERVICE DISPATCH, 'Joint Weeka n° 33'*, 19 Ago. 1955, NARA-M1511: 732.00(w)/8-1955. Infiltração de comunistas no PTB. *FOREIGN SERVICE DISPATCH, 'Joint Weeka n° 37'*, NARA-M1511: 732.00(w)/9-1655. Comunistas se manifestam a favor da chapa JK/Goulart nas eleições. *INCOMING TELEGRAM, Department of State*, 9 Ago. 1955, NARA-M1511: 732.001/8-955. Sinais de infiltração comunista no PTB. *FOREIGN SERVICE DISPATCH, 'Efforts to Include São Paulo PTB Slate Indicate PTB Concessions to Comunist Party'*, 8 Set. 1955, NARA-M1511: 732.00/9-855. Informe com a Biografia de JK e Jango e informações sobre a aliança PSD-PTB com apoio dos comunistas. *Office Memorandum, United States Government*, 11 Out. 1955, NARA-M1511: 732.00/10-1155.

76 Informe da Embaixada norte-americana de que, no campo político, JK mantem as tradicionais relações com os EUA. Na questão da infiltração comunista

apesar de ainda manter uma posição bastante próxima aos Estados Unidos, a gestão não se pautará, principalmente devido aos problemas no balanço de pagamentos e à consecução do Plano de Metas,[77] por um alinhamento automático às posições norte-americanas.[78] O reatamento diplomático e, principalmente, comercial com a União Soviética será o ponto de divergência no que se refere ao medo norte-americano de uma aproximação brasileira excessiva junto àquele país.

Antes do início do governo JK, e também depois, o fluxo de comércio exterior do Brasil com alguns países do bloco comunista – não havia comércio direto com a URSS – já era monitorado pelos Estados Unidos.[79] A meta

---

e da subversão, JK mostra disposição de trabalhar junto com os EUA. *FOREIGN SERVICE DISPATCH*, *'Political Position of Kubitschek Administration'*, *'IV. Foreign Relations'*, 7 Mai. 1956, NARA-M1511: 732.00/5-756. Informes sobre ações anticomunistas de JK e conclusão de que JK é útil para os EUA na luta anticomunista. *Office Memorandum, UNITED STATES GOVERNMENT*, *'Anti-Communist Moves in Brazil'*, 18 Jul. 1956, NARA-M1511: 732.001/7-1856.

77 No capítulo seguinte, trataremos da questão do estrangulamento externo e do desestímulo à consecução do Plano de Metas.

78 Conforme a CIA, a administração JK tenta continuar uma política pró-EUA, mas não é independente nas questões militares e econômicas. O Brasil certamente apoiará os EUA nas questões hemisféricas e com relação à URSS. *National Intelligence Estimate n° 93-57*, *'PROBABLE DEVELOPMENTS IN BRAZIL'*, CIA, 8 Jan. 1957. Conforme a Embaixada norte-americana, o Brasil deixa de posicionar-se como mediador entre os EUA e outros países hispânicos para tomar posição ao lado dos latino-americanos (OPA). Mesmo assim, os EUA estimam que o Brasil não mudará sua posição fundamental de alinhamento e dependência em relação ao Ocidente. *FOREIGN SERVICE DISPATCH*, *'New Look in Brazil's Conduct of Inter-American Affairs'*, 30 Jan. 1959, NARA-M1511: 732.00/1-3059.

79 Conforme a Embaixada norte-americana, o governo Café Filho não obstaculizou comércio com bloco soviético. *FOREIGN SERVICE DISPATCH*, *'Joint Weeka n°33'*, 26 Ago. 1955, NARA-M1511: 732.00 (w) 8-2655. Relatório de comércio de máquinas entre o Brasil e a Polônia, a Checoslováquia e a Hungria. *MEMORANDUM*, *'SOVIET BLOC TRADE IN MACHINERY WITH LATIN AMERICA (Ref. 40. 1038)'*, CIA, 24 Fev. 1956. Informe da Embaixada norte-americana de que o

deste país era a de eliminar ou, pelo menos, diminuir todo tipo de influência soviética na região.[80] Mesmo assim, apesar de não ter como objetivo político um reatamento com a União Soviética, o governo JK herdara problemas de endividamento externo e necessitava com urgência de divisas para o cumprimento de suas obrigações internacionais.[81] Havia, além disso, a constante necessidade de manter, e mesmo ampliar, o nível das importações e de escoar os excedentes agrícolas. Conforme se verifica nos próprios informes norte-americanos, a gestão JK, progressivamente, procurou restabelecer o comércio com a União Soviética.[82]

---

comércio com a Polônia cresceu 600%. *FOREIGN SERVICE DISPATCH, 'São Paulo Weekly Summary no 18',* 15 Fev. 1957, NARA-M1511: 732.00/2-1557.

80 Conforme a Embaixada, são objetivos dos EUA no Brasil: "Item 4 - Diminuir o poder e a influência das forças anti-democráticas e anti-americanas (...)". *INCOMING TELEGRAM, Department of State,* 6 Out. 1959, NARA-M1511: 732. 5-MSP/ 10-659. "Objetivos. (...) d. Reduzir e eventualmente eliminar a influência comunista e do bloco soviético na região". *National Security Council Report (NSC5613/1), 'STATEMENT OF POLICY ON U.S. POLICY TOWARD LATIN AMERICA',* FRUS, 1955-1957, Volume VI, documento n° 16, 25 Set. 1956.

81 Assunto este que será melhor explorado no capítulo seguinte.

82 Embaixada informa ao Departamento de Estado que o governo JK mostrou intenção de restabelecer relações comerciais com URSS. *FOREIGN SERVICE DISPATCH, Joint Weeka No. 970,* 10 fev. 1956, NARA-M1511: 732.00(w)/2-1056. As relações comerciais com o bloco soviético podem vir a tornarem-se irresistíveis. Interesses internos na venda de excedentes. URSS já tem relações comerciais com Uruguai, Inglaterra e outros. Mesmo havendo oposição do Ministério das Relações Exteriores, por razões técnicas e de segurança, o Brasil pode acabar cedendo por razões econômicas. Impacto da declaração de Buganin sobre ajuda à América Latina. JK diz que comércio pode ocorrer, mas reatamento diplomático depende do Congresso. *FOREIGN SERVICE DISPATCH, 'Political Position of Kubitschek Administration'* 7 Mai. 1956, NARA-M1511: 732.00/5-756. Governo brasileiro considera possibilidade de comércio com URSS. *FOREIGN SERVICE DISPATCH, 'Joint weeka n° 55',* 20 Dez. 1957, NARA-M1511: 732.00(w)/12-2057. Repercussão negativa na imprensa a respeito de possível reaproximação. *FOREIGN SERVICE DISPATCH, 'Joint weeka n° 55',* 20 Dez. 1957, NARA-M1511: 732.00(w)/12-2057. Possível reatamento comercial brasileiro com a URSS. *CURRENT INTELLIGENCE WEEKLY REVIEW, 'Brazil may expand*

Não haveria, contudo, conforme o acompanhamento feito pela burocracia norte-americana, condições políticas para o restabelecimento das relações diplomáticas.[83] A questão comercial é vista pelos EUA, portanto, como inevitável, já que os próprios Estados Unidos tinham relações diplomáticas e comerciais com a União Soviética, e mesmo sendo o assunto amplamente abordado pelos gestores das relações com o Brasil, não se verifica alusão ou menção de ordens ou estudos para medidas retaliatórias em relação ao fato. Não há, além disso, propostas que visassem compensar um eventual veto por parte dos EUA ao reatamento comercial. A instalação de uma representação diplomática da URSS talvez gerasse maior inquietação, já que poderia estabelecer um contato mais intenso e direto entre soviéticos e comunistas locais.

Por fim, como reflexo de um receio menor quanto à questão do perigo comunista, a ajuda militar norte-americana para o Brasil, apesar de ter sido a maior da América Latina, estava muito aquém do esperado pelos comandantes brasileiros. A própria Embaixada norte-americana considerou a ajuda bélica daquele período pequena e, em alguns documentos, recomendou sua ampliação.[84]

trade with soviet bloc', CIA, 6 Nov. 1958. Aumento da campanha sino-soviética na América Latina por meio de Kruchev. Visita comitiva comercial do Brasil à Moscou. *NSC BRIEFING, 'SINO-SOVIET BLOC CAMPAIGN IN LATIN AMERICA'*, CIA, 30 Nov. 1959. Possível compra pelo Brasil de papel jornal da Rússia. *FOREIGN SERVICE DISPATCH, 'Russian Newsprint Paper'*, 23 Fev. 1960, NARA-C80: 832. 392/2-23-60. Informe da Embaixada sobre a falta de trigo no Brasil. Comenta que houve embarques da Rússia. Informa também sobre a comissão de comércio Brasil-Rússia. *MEMORANDUM OF CONVERSATION*, 5 Jul. 1960, NARA-C80: 832.00/7-560.

83   Informe sobre reunião de JK e seus ministros. Decisão de não restabelecer relações diplomáticas com a União Soviética, talvez comerciais. *FOREIGN SERVICE DISPATCH, 'Joint weeka n° 52'*, 27 Dez. 1957, NARA-M1511: 732.00(w)/12-2757. JK tenderia a não restabelecer relações diplomáticas com a URSS. *FOREIGN SERVICE DISPATCH,'Joint weeka n° 10'*, 7 Mar. 1958, NARA-M1511: 732.00(w)/3-758.

84   "Os brasileiros estão começando a sentir que temos mais interesse na Europa, especificamente no que se refere à defesa. Penso que, dentro de nossas possibilidades, devemos considerar qualquer oportunidade para amarrá-los aos nossos arranjos defensivos". *EMBASSY OF THE UNITED STATES OF AMERICA, RIO DE JANEIRO*, 2 Ago. 1955, NARA-M1511: 732. 5-MSP/8-255. A Embaixada norte-americana considera

O porta-aviões, Minas Gerais, por exemplo, foi adquirido pelo Brasil do Reino Unido, mediante a recusa dos EUA em vender uma de suas embarcações.[85] A negociação visando a concessão da ilha de Fernando de Noronha para uma base de rastreamento de mísseis também mostrou a relutância que tinham os EUA, tanto em fornecer material militar adicional quanto em fornecer ajuda financeira em troca de tal ponto estratégico para a defesa de seu próprio território. Apesar de afirmarem aos brasileiros que a ilha não era indispensável, internamente sabiam que não existia melhor local para a base de rastreamento de mísseis que haviam definido para a ilha.[86]

---

o programa militar relativamente pequeno. *FOREIGN SERVICE DISPATCH, 'Webb Subcommittee Visit'*, 26 Fev. 1959, NARA-M1511: 732. 5-MSP/2-2659. A Embaixada norte-americana aconselha o Departamento de Estado a fazer contraposição à campanha soviética por reatamento com Brasil por meio do incremento da ajuda militar norte-americana. *INCOMING TELEGRAM, Department of State,* 31 Jan. 1958, NARA-M1511: 732. 5-MSP/ 1-3158. Embaixador norte-americano manifesta que enquanto o Brasil tiver grandes responsabilidades, continuará a requisitar grande volume de material militar. *INCOMING TELEGRAM, Department of State,* 15 Mar. 1957, NARA-M1511: 732. 5-MSP/3-1557. Conforme manifestação da Embaixada norte-americana, a manutenção da ajuda militar tem importância política, pois os militares são um fator de estabilidade para o Brasil. *FOREIGN SERVICE DISPATCH, 'Webb Subcommittee Visit'*, 26 Fev. 1959, NARA-M1511: 732. 5-MSP/2-2659.

85 "O Departamento de Defesa tem apoiado consistentemente a política do Conselho de Segurança Nacional (NSC) de desestimular os países latino-americanos a adquirirem equipamentos militares não essenciais (...)."*ASSISTENT SECRETARY OF DEFENSE, INTERNATIONAL SECURITY AFFAIRS,* 4 Jun. 1957, NARA-M1511: 732. 5-MSP/ 6-457. Telegrama do embaixador salientando que, entre os objetivos dos EUA no Brasil, estava o de desencorajar gastos militares excessivos. *INCOMING TELEGRAM, Department of State,* 6 Out. 1959, NARA-M1511: 732. 5-MSP/10-659. Comissão de Avaliação do *Mutual Security Plan* considera que, quanto ao programa de vendas de armas, deveria existir maior cuidado em recusar pedidos, pois o Brasil procurará outros fornecedores, limitando o relacionamento militar e a influência norte-americana. *DEPARTMENT OF STATE, Assistant Secretary, 'Evaluation Report from Brazil'*, 2 Nov. 1960, NARA-C80: 732. 5-MSP/11-260 CS/RA.

86 A Embaixada norte-americana informa a manifestação de JK que teria dito que ajudou ao máximo os EUA junto aos militares brasileiros para fechar o acordo

A Abertura Comercial

Sob o ponto de vista comercial, o governo dos Estados Unidos em relação à América Latina e Brasil vislumbrava a perspectiva de que, apesar do subdesenvolvimento econômico da região, tais países cresciam mais do que outras regiões periféricas, seus recursos naturais ofereciam elevado potencial de exploração, assim como a população vinha apresentando um crescimento que poderia eventualmente ser aproveitado como mercado consumidor.[87] Tratava-se, portanto, de uma região com a qual os Estados Unidos deveriam incrementar seu comércio em vista das oportunidades vindouras.[88]

---

militar quanto à ilha de Fernando de Noronha. Teria pedido ajuda financeira e em outros pontos. A Embaixada norte-americana critica a barganha. *INCOMING TELEGRAM, Department of State*, 18 Dez. 1956, NARA-M1511: 732. 5-MSP/12-1856. Novamente representante brasileiro requisita ajuda dos EUA como contrapartida para a cessão da base em Fernando de Noronha. *INCOMING TELEGRAM, Department of State*, 28 Dez. 1956, NARA-M1511: 732. 5-MSP/ 12-2856. Recusa dos EUA à barganha de Fernando de Noronha. Secretário Dulles afirma que a ilha não é indispensável. *OUTGOING TELEGRAM, Department of State*, 19 Jan. 1957, NARA-M1511: 732. 5-MSP/1-1957.

87   Neste ponto, consideravam a precária distribuição de renda um problema para o aumento do mercado. *National Security Council Report, 'STATEMENT OF U.S. POLICY TOWARD LATIN AMERICA' (NSC 5902/1)*, FRUS, 1958-1960, Volume V, documento nº 11, 16 Fev. 1959.

88   "2. Nos últimos anos, as relações comercias com as outras repúblicas americanas (anualmente US$ 7 bilhões) foram maiores do que com qualquer outra região do mundo. (…) Com uma rápida taxa de incremento populacional e de crescimento econômico, as outras repúblicas americanas ganharam maior peso internacional nos assuntos econômicos e políticos (…). Conclusões das Políticas. 9. O estreito relacionamento com a América Latina é um recurso valioso para os Estados Unidos e se tornará ainda mais importante conforme as economias dessas repúblicas alçarem maior desenvolvimento. Consequentemente, é importante preservar e melhorar o relacionamento comercial e de investimentos entre os Estados Unidos e as nações latino-americanas". *National Security Council Report (NSC5613/1), 'STATEMENT OF POLICY ON U.S. POLICY TOWARD LATIN AMERICA'*, FRUS, 1955-1957, Volume VI, documento nº 16, 25 Set. 1956. "Objetivos. (…) 10. (…) aumento do

Sem considerar as outras dimensões do relacionamento econômico da grande potência com os latino-americanos, os EUA sabiam que, no quesito comércio, sua posição era bastante vantajosa. Havia, institucionalmente, uma compreensão clara em relação ao problema do desequilíbrio nas trocas entre aquele país e a América Latina, pois conheciam as necessidades dos latino-americanos de importar máquinas, equipamentos e produtos industrializados, tendo, em contrapartida, uma gama restrita de produtos básicos a oferecer. Estavam cientes, da mesma forma, de que eram os principais compradores das mercadorias latino-americanas e os maiores provedores de itens importados, além de competirem em outros mercados com os produtos da região.[89]

---

comércio entre os países latino-americanos e entre eles e os Estados Unidos e outros países do Mundo Livre." *National Security Council Report*, '*STATEMENT OF U.S. POLICY TOWARD LATIN AMERICA' (NSC 5902/1)*, FRUS, 1958-1960, Volume V, documento n° 11, 16 Fev. 1959.

89 "Anexo B. CONSIDERAÇÕES GERAIS. 13. Econômicas. Os vínculos econômicos entre América Latina e os Estados Unidos são mais fortes do que com qualquer outra grande região subdesenvolvida. Aproximadamente 22% das exportações norte-americanas vão para a América Latina e 29% das importações norte-americanas vêm da América Latina. Este comércio com os Estados Unidos representa aproximadamente 45% do total das exportações latino-americanas e aproximadamente 50% do total de importações latino-americanas. (...) IV. Principais Problemas. Problemas para atingir um crescimento econômico mais rápido. 21. a. Instabilidade das receitas em divisas. A América Latina depende da exportação de café, petróleo, metais não ferrosos, açúcar, algodão, lã, grãos e carne para 70% da sua receita de exportações. Grandes flutuações nos preços de várias commodities desde a Segunda Guerra Mundial sujeitaram alguns países latino-americanos a períodos alternados e muito imprevisíveis de abundância e escassez de divisas, acrescentando dificuldades para um planejamento ordenado do desenvolvimento econômico. Além disso, os Estados Unidos ou são os maiores compradores ou os maiores vendedores de cada uma dessas commodities. Quotas, tarifas, regulamentos sanitários, ou restrições "voluntárias" dos EUA limitam o mercado norte-americano em relação a toda esta lista, exceto o café, e os programas norte-americanos de escoamento de excedentes afetam o mercado externo de algodão e grãos." *National Security Council Report*, '*STATEMENT OF U.S. POLICY TOWARD LATIN AMERICA' (NSC 5902/1)*, FRUS, 1958-1960, Volume V, documento n° 11, 16 Fev. 1959.

Tinham, dessa forma, um poder de barganha incontrastável nas suas relações comerciais com a América Latina, ao qual estava também sujeito o Brasil.

No que tange aos objetivos da política comercial, os norte-americanos pautavam-se pela expansão do comércio com a América Latina. Para que tal meta se concretizasse, conforme estabelecido na declaração de política externa de 1956, tinham o propósito de reduzir suas próprias barreiras aos produtos latinos, pressionando estes a oferecer as mesmas reduções com base no princípio da nação mais favorecida.[90] Desse modo, sob a alegação de estarem contribuindo para a melhora das relações comerciais interamericanas, abririam o mercado dos países latino-americanos, usufruindo de uma situação competitiva definitivamente superior. Ganhos reais para a balança comercial dos Estados Unidos não deixaram, ainda assim, de ser condição *sine qua non* para que tal comércio fosse incrementado.[91]

Salientamos que havia, além disso, o apoio do Banco de Exportação e Importação do governo dos EUA (*Ex-Im Bank*), que oferecia uma vantagem financeira aos exportadores norte-americanos, já que os empréstimos para projetos das empresas provenientes dos Estados Unidos, ou mesmo das empresas locais, favoreceriam os produtos e serviços que deveriam ser importados daquele país.[92]

---

90   Dentro do princípio da nação mais favorecida, considera-se que qualquer país que ofereça uma vantagem a outro dentro do sistema americano, deva também oferecê-la a todos os outros, o que incluía os EUA.

91   "Curso geral de ação. Econômica. 21. Manter políticas de comércio estáveis, de longo-prazo em relação à América Latina planejadas para ampliar os níveis existentes de comércio interamericano. Para atingir um alto nível de comércio interamericano, de acordo com o princípio da nação mais favorecida, (a) pressionar energicamente por reduções recíprocas nas barreiras a esse comércio e (b) tomar a iniciativa de reduzir mais nossas próprias restrições comerciais nos próximos anos, *tendo em conta a segurança nacional e a vantagem nacional no total final*" (grifos meus). National Security Council Report (NSC5613/1), 'STATEMENT OF POLICY ON U.S. POLICY TOWARD LATIN AMERICA', FRUS, 1955-1957, Volume VI, documento nº 16, 25 Set. 1956.

92   "Curso geral de ação. Econômica. 22. Estar preparado para estimular, através do Banco de Exportação e Importação, o financiamento de todos os projetos governamentais de desenvolvimento econômico que sejam sólidos ou projetos comerciais

Na reedição da política externa para a América Latina de 1959, não há mudança significativa.[93] A recomendação do governo era a de que os países latino-americanos fossem convencidos a aderir ao GATT (Acordo Geral sobre Comércio e Tarifas, do inglês, *General Agreementon Tariffs and Trade*). Sendo os Estados Unidos, como já dito, os principais compradores e vendedores para a América Latina, uma redução geral de tarifas, da mesma forma que proposto anteriormente, os beneficiaria com superávits comerciais. As rodadas de negociação do GATT, além disso, eram predominantemente conduzidas pelas nações mais desenvolvidas economicamente. Estes países, de modo algum, propunham reverter as disparidades comerciais em relação à

---

privados, para os quais o capital privado não esteja facilmente disponível, considerando que cada empréstimo: (a) esteja de acordo com os melhores interesses dos Estados Unidos e do país devedor; (b) esteja de acordo com a capacidade de pagamento do devedor; (c) esteja dentro da capacidade de concessão de empréstimos do Banco e autoridades competentes; e (d) financie a compra de bens e serviços norte-americanos." *National Security Council Report (NSC5613/1), 'STATEMENT OF POLICY ON U.S. POLICY TOWARD LATIN AMERICA'*, FRUS, 1955-1957, Volume VI, documento n° 16, 25 Set. 1956.

93 "36. Políticas comerciais. No sentido de ampliar o comércio interamericano: a. Fazer todo esforço para manter políticas comerciais estáveis de longo prazo e evitar, o máximo possível, práticas restritivas que afetem as principais exportações latino-americanas para os Estados Unidos. b. Trabalhar para uma redução de tarifas e outras barreiras comerciais *tendo em devida conta a vantagem nacional no total final*. c. *Estimular às repúblicas americanas que atualmente não são membros do GATT a aderir ao acordo e a negociar reduções de barreiras comerciais dentro dos marcos do GATT*. d. Demonstrar a preocupação norte-americana sobre os problemas das commodities nas nações latino-americanas. Em um esforço para procurar soluções cooperativas, estar preparados para discutir e aproveitar possíveis abordagens a esses problemas de acordo com a política norte-americana sobre acordos internacionais de commodities. e. Estimular e apoiar o estabelecimento de uniões aduaneiras ou áreas de livre comércio que atendam aos critérios do GATT. f. Estar preparados para apoiar propostas de regimes de preferências regionais que não atendam aos critérios do GATT, se forem consistentes com nossa política econômica externa geral" (grifos meus). *National Security Council Report, 'STATEMENT OF U.S. POLICY TOWARD LATIN AMERICA' (NSC 5902/1)*, FRUS, 1958-1960, Volume V, documento n° 11, 16 Fev. 1959.

periferia. A política estabelecida pelos estadistas norte-americanos, portanto, não tinha qualquer outro objetivo que não fosse dar, ao fim e ao cabo, uma vantagem econômica aos Estados Unidos.[94]

Os Investimentos Diretos no Brasil e a Concorrência Oligopolística

No primeiro capítulo, discutiu-se o modo como o capital oligopolista industrial vinha se espraiando para os mercados periféricos no pós-Segunda Guerra Mundial. Nesse contexto, o Brasil, por ter em seu território um reconhecido potencial em recursos naturais,[95] por apresentar um crescimento populacional que ofereceria um mercado consumidor de dimensões consideráveis e por ser, relativamente, estável política e economicamente, emergia como uma dessas áreas, fora dos grandes centros industriais, onde haveria espaço para novos entrantes e perspectivas promissoras de rentabilidade.[96]

---

94 Depois de enumerar uma relação de problemas para o desenvolvimento econômico da América Latina em sua política externa para a região, em 1959, a burocracia estadunidense admite sua incapacidade de melhorar para os latino-americanos as condições comerciais bilaterais: "Anexo B. CONSIDERAÇÕES GERAIS. Conclusão. 31. Os problemas descritos acima revelam as dificuldades que os EUA enfrentam para manter um bom relacionamento com a América Latina e, ao mesmo tempo, atingir seus objetivos na região. Os princípios que orientam nossas políticas atuais, a maioria dos quais elaborados antes da Segunda Guerra Mundial, permanecem válidos. Contudo, como no caso das nossas políticas comerciais, nem sempre pudemos observar consistentemente esses princípios e talvez não tenhamos feito esforços em todas as esferas de ação proporcionais à magnitude dos problemas. Está claro que será requerido um esforço maior, mais consistente e permanente, se os Estados Unidos pretendem consolidar ainda mais seus fortes laços históricos com a América Latina e desempenhar um papel construtivo ao ajudar a região na solução dos seus problemas. *National Security Council Report*, '*STATEMENT OF U.S. POLICY TOWARD LATIN AMERICA*' (NSC 5902/1), FRUS, 1958-1960, Volume V, documento nº 11, 16 Fev. 1959.

95 Conforme já exposto em seção anterior.

96 "2. As relações comerciais com as outras repúblicas americanas (anualmente US$ 7 bilhões), nos últimos anos, foram mais extensas do que com qualquer outra área do mundo. O investimento privado norte-americano na América Latina (US$ 7 bilhões)

Neste período, empresas europeias, japonesas, norte-americanas e até canadenses mostraram-se interessadas em instalar-se no Brasil.[97] Várias delas se estabeleceram no país e dominaram mercados de diversos setores manufatureiros (TAVARES, FAÇANHA E POSSAS, 1978). Havia, como já discutido previamente, uma concorrência entre estas firmas no âmbito mundial. A periferia, como vimos, era uma das arenas em que tais embates ocorriam. O que se procurou fazer nesta parte do trabalho foi, então, identificar elementos que nos indiquem a participação efetiva por parte do governo norte-americano nessa disputa entre os grandes capitais estrangeiros no Brasil.

Antes de qualquer consideração, conforme já informado, devemos ter em mente que nas salas de comando da gestão Eisenhower havia muitos agentes de alto nível diretamente ligados aos interesses privados norte-americanos e que estes estavam contemplados na definição da política externa dos EUA para a América Latina. Mesmo correndo o risco de incorrer em uma repetição excessiva, especificamos a seguir algumas das diretivas da Declaração de Política Externa dos Estados Unidos para a América Latina de 1956. Depois de cortar os financiamentos públicos externos para a região – tal política determinava que os países latino-americanos criassem um ambiente político e econômico adequado ao investimento privado, tanto interno quanto externo, baseado no sistema de livre iniciativa, na mínima regulação estatal, na livre remessa de lucros, em baixas tarifas pela prestação de serviços governamentais,

---

é maior do que em qualquer outra área, exceto o Canadá. Com uma rápida taxa de crescimento populacional e econômico, estas repúblicas americanas ganharam maior peso internacional nos assuntos econômicos e políticos." *National Security Council Report (NSC5613/1), 'STATEMENT OF POLICY ON U.S. POLICY TOWARD LATIN AMERICA',* FRUS, 1955-1957, Volume VI, documento n° 16, 25 Set. 1956.

97 Algumas grandes empresas norte-americanas já estavam estabelecidas comercialmente e até realizavam algum tipo de manufatura final de seus produtos no país (o exemplo da montagem de veículos da Ford é o mais emblemático), todavia com a entrada de concorrentes externos viram-se forçadas a estabelecer plantas produtivas de maior complexidade e agregação de insumos nacionais no sentido de manter e ampliar o espaço de mercado que já vinham explorando.

no respeito aos contratos e direitos de propriedade e em uma política fiscal e monetária parcimoniosa, enfim, tudo o que permitisse às empresas estrangeiras agissem do modo mais rentável e conveniente a elas.[98]

O governo norte-americano pressionava os países latino-americanos para que seguissem esse modelo. No caso do Brasil, nesta seção, analisaremos parte dessa pressão. Outras negociações que envolviam esse receituário, como as que ocorreram para que o país pudesse receber empréstimos compensatórios mediante o aval do FMI, serão vistas no próximo capítulo. O que podemos afirmar, por enquanto, é que a proteção dada aos capitais privados norte-americanos tinha o peso do governo dos Estados Unidos, ou seja, os latino-americanos, ao regular suas atividades econômicas, não deveriam apenas considerar os interesses de cada grande corporação, mas também aqueles vinculados às relações bilaterais com os Estados Unidos, ou seja, a ajuda financeira, a cooperação técnica, o suporte militar e o acesso ao maior mercado consumidor externo para seus produtos primários.

Os temas que mais preocupavam os interesses industriais dos EUA no país eram a regulação estatal, a remessa de lucros e as políticas macroeconômicas de Estado. A questão regulatória, todavia, não afetou tanto ao setor industrial manufatureiro. A exceção seria o ramo petrolífero, que foi, sem dúvida, aquele que atraiu maior atenção do governo dos Estados Unidos e

---

98 Interpretado a partir de: "Curso geral de ação (...). Econômica (...) 26. Embora reconhecendo o direito soberano dos Estados latino-americanos de adotar tais medidas econômicas, já que podem considerá-las melhor adaptadas às suas próprias condições, incentivá-los mediante ajuda econômica e outros meios a basear suas economias em um sistema de iniciativa privada, e, como é essencial, criar um clima político e econômico propício ao investimento privado, de capital nacional e estrangeiro, incluindo: a. Leis e regulamentos razoáveis e não discriminatórios em relação aos negócios. b. Oportunidade de ganhar e, no caso de capital estrangeiro, de repatriar um retorno razoável. c. Políticas razoáveis de tarifação para empresas controladas pelo governo. d. Políticas fiscais e monetárias sólidas. e. Respeito por direitos contratuais e de propriedade, incluindo a garantia de uma rápida, adequada e efetiva compensação no caso de expropriação". *National Security Council Report (NSC5613/1), 'STATEMENT OF POLICY ON U.S. POLICY TOWARD LATIN AMERICA'*, FRUS, 1955-1957, Volume VI, documento nº 16, 25 Set. 1956.

dos empresários do setor descontentes com o regime de monopólio, conforme discutido em seção anterior. Preocupações da burocracia norte-americana com taxações e regulamentos governamentais para outros setores são raras ou não aparecem na fração documental estudada, com exceção do caso Hanna Co.[99]

No que tange às remessas de lucros e dividendos, as firmas já instaladas no Brasil apresentavam certa preocupação. Não se tratava exatamente de uma restrição direta do governo neste ponto – pois o controle anterior já havia sido abolido depois do curto período de intervenção do governo Vargas –, mas de fatores relacionados à própria questão monetária e cambial brasileira. No período estudado, os déficits no balanço de pagamentos e a desvalorização cambial preocupavam as companhias estrangeiras. O primeiro problema se apresentava como um risco de, esgotadas as reservas de divisas, haver a impossibilidade de transferência dos valores acumulados às matrizes no exterior, enquanto que o segundo, em virtude do processo inflacionário e da própria escassez de moeda conversível, tornava mais cara a aquisição das cambiais para envio ao estrangeiro.

Em um relatório de 1955, do Escritório de Assuntos Interamericanos, tais problemas foram salientados ao Departamento de Estado, além de serem informadas as dificuldades que enfrentavam aqueles que fizeram investimentos diretos no Brasil.[100] Alguns anos mais tarde, o Consulado dos Estados Unidos em São Paulo também informou a respeito dos problemas inflacionários que as empresas estrangeiras enfrentavam para o envio de dividendos.[101]

As recomendações dadas à América Latina pelos Estados Unidos são as de que as políticas fiscal e monetária para a região fossem "sólidas", ou seja,

---

99 Veja seção anterior, "Matérias Primas".

100 Relatório sobre o déficit brasileiro em dólares, a evolução da inflação e as dificuldades para remessas em virtude de desvalorização do câmbio. *Bureau of Inter American Affairs, BRAZIL STATUS REPORT,* 22 Mar. 1955, NARA-M1511: 732.00/3-2255.

101 Relatório da empresa de auditoria, Price-Waterhouse, sobre investimentos externos no Brasil. *FOREIGN SERVICE DISPATCH, 'Economic Conditions in São Paulo, Brazil: An interview with Mr. Charles Taylor',* 11 Jan. 1960, NARA-C80: 832.00/1-1160.

deveria haver realidade cambial (isto é, câmbio estável garantido pela economia de reservas), limitação do orçamento governamental e controle rigoroso nas emissões de moeda. Isto obviamente restringiria a ação do Estado, que, no caso do governo JK, para o financiamento das Metas de Desenvolvimento, se utilizaria amplamente do confisco cambial e das emissões inflacionárias. Em um documento preparado pelo Departamento de Estado em conjunto com o Departamento de Tesouro dos Estados Unidos, feito para ser utilizado em eventual debate entre JK e Eisenhower – durante a visita daquele, como presidente eleito, aos EUA –, há um claro exemplo deste posicionamento. Conforme o ofício, o presidente norte-americano deveria recomendar a JK que tomasse ações firmes e imediatas quanto à contenção da inflação, ao ajuste do balanço de pagamentos e ao seu plano de desenvolvimento. As medidas requisitadas para atingir tais objetivos seriam a contenção monetária, o ajuste fiscal e uma reforma cambial.[102] Outros documentos, a serem citados no capítulo seguinte, reforçam tal posição norte-americana.[103]

Os Estados Unidos, portanto, defendiam os interesses do capital privado de lá proveniente, impondo as condições econômicas desejadas para o retorno adequado dos valores acumulados a partir dos investimentos diretos realizados no Brasil. Além disso, restringindo sua ação financiadora ao recusar-se em fornecer empréstimos públicos para novos projetos – como ocorreu com o fim da Comissão Mista Brasil-Estados Unidos em 1953 – ou para socorro cambial, o governo norte-americano diminuía a capacidade do Estado brasileiro de concorrer como empresário com os capitais privados internacionais.

No que tange à concorrência dos capitais norte-americanos com os de outros países em território nacional, verificou-se uma abordagem por parte

---

102 *Paper* relativo à posição norte-americana a ser tomada durante a visita do presidente eleito, JK. Entre outras medidas, solicitar ao presidente brasileiro a contenção da inflação, a correção do déficit no balanço de pagamentos e a reforma fiscal. *Office Memorandum, United States Government, 'Drafts of Position Paper for Kubitschek Visit'*, 19 Dez. 1955, NARA-M1511: 732. 11/12-2055.

103 Na questão das negociações do governo JK com os EUA e FMI, as recomendações norte-americanas de contenção de gastos e de emissões são recorrentes.

dos EUA de monitoramento de seus concorrentes, constatando-se apenas uma ou outra ação mais direta. O que se observa, a princípio, por parte dos órgãos de representação dos Estados Unidos é o levantamento e a análise de informações sobre a movimentação das empresas estrangeiras no Brasil. Há um acompanhamento pela Embaixada e pelos consulados de vários fatos que se relacionam a estas inversões, tais como: as visitas de representantes comerciais de outros estados,[104] as visitas empresariais estrangeiras,[105] os setores que atraem a atenção dos estrangeiros, as parcerias realizadas com empresas nacionais e de outros países, a aquisição de firmas brasileiras, o volume de investimentos, a dimensão das instalações, a capacidade produção, as vendas atuais e suas perspectivas futuras, além de outros dados a estes relacionados.

O setor em que os funcionários norte-americanos demonstraram maior interesse e emitiram maior volume de informações foi o de veículos automotores. Ao mesmo tempo em que acompanhavam os investimentos nos ramos de equipamentos de transmissão de eletricidade, eletrodomésticos, maquinaria pesada, equipamentos ferroviários, fármacos e alimentos industrializados,[106] o

---

104 Acompanhamento da viagem de negócios do ex-presidente francês e ministros canadense e polonês ao Brasil (interesses no setor elétrico e material para indústria pesada). *FOREIGN SERVICE DISPATCH, 'VISIT TO SÃO PAULO OF SPECIAL DELEGATES TO THE PRESIDENTIAL INAUGURATION: POLISH DELEGATE PROPOSES INCREASED TRADE WITH BRAZIL'.* 10 Fev. 1956, NARA-M1511: 732. 11/2-1056.

105 Visita de grupos industriais italianos e japoneses. *FOREIGN SERVICE DISPATCH, 'Joint Weeka n°45',* 9 Nov. 1956, NARA-M1511: 732.00(w)/11-956-Nov/56. Possível investimento italiano no setor farmacêutico. *FOREIGN SERVICE DISPATCH, 'São Paulo Weekly Summary',* 3 Mai. 1957, NARA-M1511: 732.00/5-357.

106 Investimentos Estrangeiros: Japão (produtos alimentícios em parceria com brasileiros). *FOREIGN SERVICE DISPATCH, 'São Paulo Weekly Summary No. 2 ',* 12 Jul. 1957, NARA-M1511: 732.00/7-1257. Investimentos Estrangeiros: Suíça (Bronw Boveri). *FOREIGN SERVICE DISPATCH, 'São Paulo Weekly Summary No. 4',* 26 Jul. 1957, NARA-M1511: 732.00/7-2657. Investimentos Estrangeiros: França (Possível aumento dos investimentos da Schneider-Mecânica Pesada – Usina de Aço). *FOREIGN SERVICE DISPATCH, 'São Paulo Weekly Summary No. 9',* 30 Ago. 1957, NARA-M1511: 732.00/8-3057. Investimentos Estrangeiros: Japão (máquinas de costura). *FOREIGN SERVICE DISPATCH, 'São Paulo Weekly Summary No. 36',* 21 Jun. 1957, NARA-M1511:

setor automotivo – incluindo a montagem de veículos e a fabricação de suas partes e peças – foi o que ganhou maior destaque nos informes locais para o Departamento de Estado.[107] Isso ocorreu não só pela maior quantidade de notícias, mas também pelo detalhamento dos dados.

Houve, por exemplo, com relação à montadora de veículos alemã, Volkswagen, que no período estudado estabelecera uma fábrica no Brasil, o

---

732.00/6-2157. Acompanhamento implantação de fábrica de máquinas de costura japonesa. *FOREIGN SERVICE DISPATCH, 'São Paulo Weekly Summary No. 18',* 15 Fev. 1957, NARA-M1511: 732.00/2-1557. Empresa japonesa Pilot (canetas) se instala em São Paulo. *FOREIGN SERVICE DISPATCH, 'São Paulo Weekly Summary No. 26',* 12 Abr. 1957, NARA-M1511: 732.00/4-1257. Investimentos Estrangeiros: EUA-Alemanha (Hoerst – produtos químicos). *FOREIGN SERVICE DISPATCH, 'São Paulo Weekly Summary No. 30',* 10 Mai. 1957, NARA-M1511: 732.00/5-1057. Investimentos Estrangeiros: Itália (Olivetti); Suécia (SKF); Canadá (Leviner: alimentos); Japão (Nippon Spinning: fiação). *FOREIGN SERVICE DISPATCH, 'São Paulo Quaterly Review – Fourth Quarter of 1959',* 12 Jan. 1960, NARA-C80: 832.00/1-1260.

107 Ford planeja produzir caminhões no Brasil. *FOREIGN SERVICE DISPATCH, 'São Paulo Weekly Summary No. 18',* 15 Fev. 1957, NARA-M1511: 732.00/2-1557. Investimentos Estrangeiros EUA e Suécia (possivelmente caminhões), Alemanha (VW). *FOREIGN SERVICE DISPATCH, 'São Paulo Weekly Summary No. 30',* 10 Mai. 1957, NARA-M1511: 732.00/5-1057. Investimentos Estrangeiros: Reino Unido (Standard Motors auto-peças), DKW. *FOREIGN SERVICE DISPATCH, 'São Paulo Weekly Summary No. 31',* 17 Mai. 1957, NARA-M1511: 732.00/5-1757. Investimentos Estrangeiros: Canadá (Massey Ferguson), França (Simca), EUA (parceria Cobrasma-Tinker-Rockwell). *FOREIGN SERVICE DISPATCH, 'São Paulo Weekly Summary No. 32',* 24 Mai. 1957, NARA-M1511: 732.00/5-2457. Investimentos Estrangeiros: Reino Unido (Possível produção de veículos Land Rover). *FOREIGN SERVICE DISPATCH, 'São Paulo Weekly Summary No. 12',* 20 Set. 1957, NARA-M1511: 732.00/9-2057. Investimentos Estrangeiros: França (Simca – informa início de operações em 1958). *FOREIGN SERVICE DISPATCH, 'São Paulo Weekly Summary No. 21',* 29 Nov. 1957, NARA-M1511: 732.00/11-2957. Investimentos Estrangeiros dos EUA (Cobrasma, Clark, Willys, Timken, Walita), da Suécia (SKF) e da Alemanha (Mercedez). *FOREIGN SERVICE DISPATCH, 'São Paulo Quaterly Review – Fourth Quarter of 1959',* 12 Jan. 1960, NARA-C80: 832.00/1-1260. Investimentos e instalação da empresa japonesa de motores a diesel, Yanmar. *FOREIGN SERVICE DISPATCH, 'Japanese Company to Produce Small Diesel Motors in State of São Paulo',* 1 Abr. 1960, NARA-C80: 832. 333/4-160.

fornecimento de detalhes sobre suas instalações industriais, como: capacidade produtiva, necessidade de importações, tipo de equipamentos instalados, contratações e relações com funcionários, valor de venda dos veículos, relação da empresa com as metas do governo brasileiro e estrutura de distribuição das vendas.[108] Atenção também foi dada – em um despacho àquele Departamento – à indústria de partes e peças desse mesmo setor. De um relatório emitido pelo GEIA (Grupo Executivo da Indústria Automobilística – criado no governo Kubitschek), em 1960, e de outro elaborado pela Associação das Indústrias de Auto Partes do Estado de São Paulo, buscou-se, além de repassar dados quanto ao desenvolvimento desse setor no Brasil, informar qual a participação norte-americana em relação à brasileira e à alemã nas vendas de tais itens.[109]

O que se verifica, primeiramente, sobre essa documentação é que, em relação ao incremento da produção industrial brasileira, a quantidade, a frequência e a qualidade das informações não eram homogêneas para todas as áreas, ou seja, para os informes do setor automobilístico, tais pormenores eram mais abundantes do que em outros ramos. Essa diferenciação talvez indique uma solicitação maior de informações por parte desta indústria junto ao governo dos EUA, ou poderia mesmo chamar mais a atenção dos observadores pela dimensão superior de investimentos em relação a outros ramos.

Também não podemos desconsiderar que poderia haver interesse por parte do próprio governo dos Estados Unidos em estar a par do tipo de desenvolvimento industrial que ocorria no país e verificar se tal fato tinha alguma relevância para seus interesses geopolíticos[110] ou para o grau de

---

108 Investimentos Estrangeiros: Alemanha (Detalhes instalações VW). *FOREIGN SERVICE DISPATCH*, 'São Paulo Weekly Summary No. 18', 21 Out. 1957, NARA-M1511: 732.00/10-3157.

109 Participação de estrangeiras na produção de auto-partes (às empresas brasileiras corresponderiam 42% do mercado, às norte-americanas 32% e às alemãs 13,5%). *FOREIGN SERVICE DISPATCH*, 'Information on Brazil's Auto Parts Industry', 31 Mar. 1960, NARA-C80: 832. 333/3-3160.

110 "Anexo B (…) CONSIDERAÇÕES GERAIS (…) I. Importância da América Latina (…) 2. Nos próximos cinquenta anos, provavelmente a América Latina desempenhará um papel cada vez mais importante nos assuntos mundiais. Com uma população

influência das empresas norte-americanas no Brasil, como já salientamos anteriormente.[111] A compreensão dos resultados dessa nova conformação estrutural produtiva, envolvendo diversos interesses estrangeiros não americanos, poderia dar embasamento para que o Estado norte-americano pudesse melhor posicionar-se, e muitas vezes reagir, quanto às perdas e ganhos de influência dentro da economia brasileira.[112]

---

que atingirá em torno de 500 milhões no final deste século e contando com uma ampla variedade de recursos não explorados, ela representa um grande potencial de poder econômico e político. Se este potencial for realizado e aplicado ao lado do Mundo Livre, a possibilidade dos Estados Unidos e de seus aliados ocidentais de lidar de forma bem sucedida com o expansionismo comunista por um período indefinido será reforçada. A disponibilidade dos recursos latino-americanos e o apoio político poderiam ser de importância considerável para a defesa militar do Mundo Livre. Mas se a América Latina não progredir, a região provavelmente se tornará um dreno das energias e dos recursos dos Estados Unidos." *National Security Council Report (NSC5613/1), 'STATEMENT OF POLICY ON U.S. POLICY TOWARD LATIN AMERICA',* FRUS, 1955-1957, Volume VI, documento n° 16, 25 Set. 1956.

111 Há por parte da Embaixada e demais órgãos ligados ao governo norte-americano levantamento contínuo de informações sobre a instalação das firmas norte-americanas no Brasil. Acompanhamento é feito, por exemplo, dos investimentos da General Electric em locomotivas, da Merck no setor de remédios, da Westinghouse em equipamentos (freios a ar). *FOREIGN SERVICE DISPATCH, 'São Paulo Weekly Summary No. 26',* 12 Abr. 1957, NARA-M1511: 732.00/4-1257. Outros, além desses, são da Norton em abrasivos, da Emerson em ar-condicionados, Willys em freios. *FOREIGN SERVICE DISPATCH, 'São Paulo Weekly Summary No. 31',* 17 Mai. 1957, NARA-M1511: 732.00/5-1757. Parceria Cobrasma-Tinker-Rockwell. *FOREIGN SERVICE DISPATCH, 'São Paulo Weekly Summary No. 32',* 24 Mai. 1957, NARA-M1511: 732.00/5-2457. Investimentos da Cobrasma, Clark, Willys, Timken, Walita. *FOREIGN SERVICE DISPATCH, 'São Paulo Quaterly Review – Fourth Quarter of 1959',* 12 Jan. 1960, NARA-C80: 832.00/1-1260.

112 Em alguns documentos verifica-se a constatação de melhora considerável no padrão de qualidade das auto-peças brasileiras (que concorriam com as norte-americanas) e o acompanhamento de algumas empresas nacionais que já exportavam para a Europa produtos industrializados, como tapetes e carpetes. Há também o levantamento de informações quanto à participação brasileira e estrangeira na produção local

No campo das ações diretas por parte da representação dos EUA, alguns poucos casos puderam ser identificados. Entre eles, há um em que foi possível verificar a rivalidade entre a influência norte-americana e a europeia no Brasil. Neste episódio, de 1956, diplomatas norte-americanos, em conjunto com representantes da Câmara de Comércio dos Estados Unidos, buscavam manter e ampliar o número de instrutores norte-americanos, que vinha diminuindo junto ao Centro Técnico de Aeronáutica de São José dos Campos-SP em virtude da defasagem nos seus salários. Outros professores, na maioria alemães-ocidentais, estavam sendo contratados em substituição a seus colegas norte-americanos. Os burocratas dos EUA, em resposta à "invasão" germânica, buscaram o apoio de seu governo para reajustar os salários dos profissionais norte-americanos em valores condizentes ao dos alemães. Desejavam, com isso, além de manter, ampliar o quadro de 7 para 10 instrutores norte-americanos. O objetivo declarado era o de conter a influência dos docentes substitutos europeus sobre o ensino e os alunos da escola.

Como salientado no próprio documento, os profissionais que se formavam naquela instituição eram, na sua maioria, contratados por altos salários, em postos-chave das grandes empresas brasileiras. No despacho do Consulado norte-americano de São Paulo para o Departamento de Estado, que fundamenta este caso, está claro que a recomendação de aumentar os salários dos professores dos EUA não tinha um objetivo cultural ou de manutenção da ajuda técnica, mas o de influenciar os profissionais que saíssem daquela instituição em favor dos norte-americanos nas relações econômicas, comerciais e financeiras que os alunos teriam no futuro.[113] Vislumbra-se, nesse documento, certo reflexo daquilo que permeava a disputa que vinha ocorrendo na periferia pela mão-de-obra qualificada e pela influência nas decisões empresariais dentro do Brasil.

---

de auto-partes (como já salientado, às empresas brasileiras corresponderiam 42% do mercado, às norte-americanas 32% e às alemãs, 13,5%). *FOREIGN SERVICE DISPATCH*, 'Information on Brazil's Auto Parts Industry', 31 Mar. 1960, NARA-C80: 832. 333/3-3160. Quanto aos investimentos automotivos (FNM e DKW) e em carpetes brasileiros ver FOREIGN SERVICE DISPATCH, 'São Paulo Weekly Summary No. 31', 17 Mai. 1957, NARA-M1511: 732.00/5-1757.

113 *FOREIGN SERVICE DISPATCH*, 'Retention of Pro-American Orientation', 29 Mai. 1956, NARA-M1511: 732.001/5-2956.

Em outro caso, o Escritório de Assuntos Interamericanos recomenda ao Escritório de Assuntos Econômicos do Departamento de Estado que dê seu aval ao Fundo de Empréstimos para o Desenvolvimento[114] (DLF, sigla em inglês) para um projeto de fábrica de borracha sintética em Recife, pleiteado em conjunto pelas empresas norte-americanas do setor de pneumáticos, Lummus e Firestone. Além de argumentos econômicos e políticos para a aprovação da proposta, uma última observação daquela agência salienta a importância de concretizá-lo, pois haveria a informação de que os franceses estariam interessados em realizar inteiramente o projeto, com ou sem a ajuda dos norte-americanos.[115] Os burocratas dos EUA buscavam, assim, não só informar, mas, conforme o interesse, solicitar a celeridade de alguns investimentos com intuito de reforçar a posição das empresas de seu país ante os concorrentes de outras nacionalidades.

Considerado estes poucos aspectos ativos, identificados nas fontes primárias analisadas, como resposta direta a situações concretas, envolvendo a concorrência entre interesses norte-americanos e de outros países, não se verificou no conjunto de documentos – seja pela ausência dos mesmos, seja por falha do próprio autor[116] – outros elementos característicos de uma ação mais incisiva, por parte dos agentes do governo norte-americano, que pressionassem o governo JK no sentido de obstaculizar a entrada de concorrentes externos, de reservar mercados no Brasil, de restringir o fornecimento de matérias primas e energia a seus rivais ou diminuir-lhes os incentivos.[117] Isto obviamente não elimina a possibilidade de

---

114 Criado em 1957 para empréstimos de desenvolvimento a outras nações.

115 *FOREIGN SERVICE DISPATCH, 'Loan from DLF for Synthetic Rubber Plant at Recife, Brazil'*, 19 Fev. 1960, NARA-C80: 732. 5-MSP/2-1960.

116 Há de se salientar que existe, nas fontes documentais analisadas, elevada quantidade de documentos ainda classificados e não disponíveis pelo seu grau de confidencialidade ou retirados por funcionários do próprio governo dos Estados Unidos.

117 Há o comentário, registrado por funcionário dos EUA, de que o embaixador brasileiro, Barbosa da Silva, teria informado o oposto, ou seja, uma empresa alemã estaria atuando no Brasil contra a instalação da norte-americana, Hanna Mining. A sugestão seria a de que a oposição política brasileira à instalação da Hannaco era suportada pela Kaiser International (alumínio) com o apoio de Glycon de Paiva. *INCOMING TELEGRAM, Department of State*, 1 Jul. 1960, NARA-C80: 832. 2541/7-160.

que tenham existido ou tenham acontecido de outras formas aqui não vislumbradas. Vale salientar, ademais, que o governo de Juscelino Kubitschek poderia estar inclusive mais vulnerável a eventuais pressões desse tipo, pois, como já salientado, enfrentou problemas graves no balanço de pagamentos, requisitando diretamente ao governo dos EUA o socorro para seus problemas financeiros.

Enfim, no que se refere à proteção dada aos capitais privados norte-americanos no Brasil, constatou-se que o governo dos Estados Unidos atuou tanto no sentido de evitar que o Estado brasileiro atrapalhasse o processo de acumulação destes no país, como no de fornecer informações e manter sua influência sobre o intenso processo de industrialização que ocorria no país. O apoio financeiro estatal necessário às empresas norte-americanas viria obviamente do *Ex-Im Bank* sempre que necessário, quando não houvesse capitais mais baratos originários de fontes próprias ou associadas.

Conclusão

Num contexto geopolítico já diferente daquele da Segunda Guerra Mundial, a América Latina não apresentava para os Estados Unidos o mesmo grau de importância estratégica verificado no período de conflito. Sendo o comunismo ali considerado uma ameaça menor, para os estadistas norte-americanos, o que interessava junto àqueles países, entre eles o Brasil, era mais a satisfação dos interesses de seus próprios capitais privados do que promover ou acelerar o desenvolvimento industrial autônomo na região. Com veremos a seguir, o programa de investimentos do governo Juscelino Kubitschek não empolga os norte-americanos, muito menos os incentiva a fornecer a ajuda financeira que se requereria. Se isso pode ser considerado um veto ao desenvolvimento industrial brasileiro por parte do governo dos EUA, talvez o seja, contudo devemos levar em conta que este não ocorreu em conformidade a uma iniciativa específica e objetiva, mas pela negação de algo que não fazia parte dos interesses dos Estados Unidos – tendo em vista que dificilmente o Brasil encontraria outras fontes alternativas. Todavia, como força hegemônica sem rivais no hemisfério, caso o desenvolvimento econômico brasileiro fosse mais prolongado e profundo do que realmente foi, certamente a situação seria reavaliada para que um modelo que melhor se adequasse aos objetivos dos EUA fosse imposto naquela parte do mundo ao menor custo possível.

Capítulo 3

O Interesse Nacional Brasileiro e as Relações com os Estados Unidos e o Fundo Monetário Internacional

Dentro de uma perspectiva de desenvolvimento econômico interno bastante diferente daquela imaginada pelos estrategistas norte-americanos, os projetos brasileiros de industrialização visaram, desde o período de Getúlio Vargas até o fim do governo Juscelino Kubitschek, completar ao máximo a infraestrutura e os departamentos produtivos para tornar o país, num curto espaço de tempo, uma nação industrializada. Os percalços políticos, as limitações técnicas e a dependência financeira em relação ao exterior foram obstáculos que demandaram esforços de articulação, adaptação e mesmo de abdicação do controle ou, pelo menos, da liderança nacional sobre importantes ramos industriais que também interessavam aos capitais estrangeiros. Neste capítulo, busca-se, a princípio, fazer uma contextualização alusiva ao período que precede o governo Kubitschek, no que se refere aos projetos nacionais e seu respectivo suporte político, para oferecer-se, em seguida, uma aproximação histórica em relação a uma fração de todo esse processo, ou seja, a tentativa por parte do governo JK de obter financiamento externo junto ao governo dos Estados Unidos, via negociações com Fundo Monetário Internacional. Procuraremos, a partir disso, analisar os processos políticos internos e externos que envolveram tais relações e seus resultados.

O Interesse Nacional e a Opção pelo Processo de Industrialização no período Vargas

O ímpeto que leva o Brasil a uma etapa subsequente de industrialização, na segunda metade dos anos 1950, não se manifestou tão só em virtude do programa de desenvolvimento proposto por JK desde a sua eleição. A complementação industrial pensada para o governo de Kubitschek teve seus primórdios com o estabelecimento da Companhia Siderúrgica Nacional (CSN) no período do Estado Novo, vindo a tornar-se um plano mais amadurecido depois da tentativa de implantação de um projeto desenvolvimentista durante o segundo governo de Getúlio Vargas (1951-1954). Além disso, o Plano de Metas não teria logrado êxito, não fosse suportado politicamente por grande parte dos antigos articuladores da industrialização varguista, ou seja, pela elite industrial brasileira, pelos militares e outros setores da sociedade, em muitos casos representados pelo voto, que poderiam eventualmente beneficiar-se com o programa. A coalisão entre os segmentos sociais hierarquizados conforme a correlação de forças existente naquele período permitiu, desse modo, que grande parte dos interesses de uma burguesia industrial nacional – ligada ou não a interesses estrangeiros – fosse traduzida pelo Estado como o interesse geral da nação, não deixando, porém, de atender, dentro do que se considerava possível, os chamados segmentos dominados e classes de apoio.[1]

Devemos recordar, todavia, que a preponderância do padrão de acumulação industrial consolidado no período Kubitschek havia emergido como forma dominante em período recente, com a decadência do anterior padrão de acumulação mercantil exportador. Os impactos econômicos e políticos decorrentes da quebra da Bolsa de Nova Iorque, em 1929, provocaram no Brasil nos anos

---

[1] De acordo com Poulantzas (1977, p. 187), o Estado pode atender, sem que haja uma mudança no poder, uma diversidade de demandas, pois: "A característica, própria do Estado capitalista, de representar o interesse geral de um conjunto nacional-popular não constitui assim uma simples mistificação enganadora, no sentido de que este Estado pode efetivamente satisfazer abaixo desses limites, certos interesses econômicos de certas classes dominadas; ainda mais: pode fazê-lo sem que, no entanto, o poder político seja atingido".

subsequentes, além de mudanças na estrutura de poder, o deslocamento do centro dinâmico da economia para a indústria em lugar do setor agrário exportador (FURTADO, 1977, p. 202).[2] De acordo com Tavares (1985, p. 101):

> [A] ruptura efetiva começa a configurar-se em 1933/37, quando, passada a recuperação da crise de 1930, tanto a acumulação industrial-urbana, quanto a renda fiscal do governo se desvinculam da acumulação cafeeira, e daí em diante a submetem aos destinos e interesses do desenvolvimento urbano-industrial.

Logo depois, nos anos 1940, com o advento da Segunda Guerra Mundial, em virtude dos próprios limites impostos às importações, devido ao conflito e com a adesão do Brasil ao esforço de guerra, o empresariado nacional foi convidado a participar do planejamento estatal, no sentido de enfrentar a nova situação (LEOPOLDI, 2000, p. 87). Os industriais, a partir daí, passaram a ter grande influência nas decisões sobre as políticas industrial, de comércio exterior, de tributos, de energia, entre outras (*Idem*). Estabelecida a colaboração entre o Estado Novo e os empresários, estes trataram de amadurecer seu projeto de política industrial para o país, firmando paralelamente, por meio das lideranças da FIESP (Federação das Indústrias do Estado de São Paulo) e CNI (Confederação Nacional da Indústria), alianças estratégicas com o governo e militares, de forma a controlar as demandas operárias e consolidar sua hegemonia política (*Idem*).

Conforme Sochaczewski (1993, p. 105), quanto ao papel que vinha sendo definido para o Estado: "Todos os planos elaborados durante o período colocavam nas mãos do setor público a tarefa de conduzir as obras de infraestrutura que objetivavam romper os estrangulamentos que tolhiam o processo de industrialização".[3] O esforço em prol de um adequado suprimento de aço, como uma das formas de

---

2   Conforme Furtado (*op. cit.*, p. 202), esta mudança na dinâmica da economia brasileira, incentivando o setor fabril, ocorreu em virtude das políticas de intervenção estatal que mantiveram a renda monetária do setor agroexportador, combinadas ao encarecimento das importações (devido à depreciação cambial), à capacidade ociosa de indústrias locais e à pré-existência de algumas empresas de bens de capital.

3   Sochaczewski se refere aos anos de 1952 a 1961.

se atingir este objetivo, teve na Companhia Siderúrgica Nacional o exemplo mais claro de suporte do Estado à indústria nacional. Este êxito decorrente da já mencionada barganha política conduzida por Getúlio Vargas junto aos Estados Unidos e à Alemanha, ainda no período de guerra, também fazia parte das pretensões que tinha o Estado Novo de tornar o país uma potência econômica sul-americana. Tentava forçar a industrialização nacional por meios outros, já que o precário esquema de acumulação em uma economia cafeeira em crise não permitia a implantação de uma indústria de base por conta e risco (TAVARES, *op. cit.*, p. 110).

No governo Dutra (1946-1951), entretanto, conforme nos informa Lessa (1981, p. 11), "(...) a política econômica esteve basicamente condicionada a comportamentos externos que definiram seu perfil. Nesta fase, (...) não se vislumbra uma preocupação definida e consciente com o desenvolvimento industrial". O interesse daquele governo era o de conter os desequilíbrios internos e externos, podendo a industrialização ser qualificada como "não intencional", o que, devido as suas consequências, forçou uma conscientização maior em relação à necessidade de desenvolvimento industrial (*Idem*). A industrialização nessa época foi predominantemente extensiva e pouco integrada, resultando, dada a falta de um suporte do setor público, num desequilíbrio estrutural mais intenso nos setores de energia e transporte (*Ibidem*, p. 18-19). Podemos acrescentar a isso o estrangulamento externo sofrido após vultosos déficits na balança de transações correntes, ocorridos em virtude da tendência de baixa nos preços do café e de uma política cambial extremante liberal (*Ibidem*, p. 116). Os controles sobre os saldos negativos foram realizados de forma precária via emissões seletivas de licenças para importação. Antes que o estancamento sobre as saídas cambiais se efetivasse, as elevadas reservas de divisas acumuladas pelo Brasil durante a Segunda Guerra já haviam se esgotado em meados de 1947. Segundo Lessa (*Ibidem*, p. 16-17), as políticas que visavam a contenção do processo inflacionário foram excessivamente permissivas quanto às importações realizadas no período. As remessas de lucros e rendas ao exterior também teriam contribuído para a exaustão do volume de cambiais (SOCHACZEWSKI, *op. cit.*, p. 80-81).[4]

---

4   Ainda em relação ao governo Dutra, há, contudo, estudos que não consideram que este, ao restabelecer o regime de licenças prévias de importação, tenha promovido

Com o retorno de Getúlio Vargas à presidência (1951-1954), houve uma retomada mais incisiva das políticas industrializantes. Iniciada sua gestão, constituiu-se a Comissão de Desenvolvimento Industrial (CDI), incumbida de formular e implementar projetos para a dinamização de empreendimentos industriais. Participavam desse órgão e de suas subcomissões, industriais, representantes da CNI, militares técnicos, tecno-empresários ligados às companhias multinacionais e empresários associados ao capital estrangeiro (LEOPOLDI, *op. cit.*, p. 221). Houve, portanto, um rearranjo da colaboração indústria-Estado. Euvaldo Lodi (*apud.* LEOPOLDI, *op. cit.*, p. 222), presidente da CNI, salientava a importância desta articulação, baseando seus argumentos nos estudos da Cepal (Comissão Econômica para a América Latina dentro da ONU), que indicavam que o desenvolvimento industrial na América Latina se fazia mister devido a "necessidade de substituir importações em face do relativo declínio de volume das exportações, dos termos de intercâmbio e da concorrência de capitais estrangeiros. (...)", pois "A economia nacional tende[ria] a adquirir no exterior volume cada vez menor [de bens]" (*Ibidem,* p. 222).

Tendo em conta as ideias cepalinas que permeavam o pensamento de muitos industriais e burocratas, as políticas públicas estabeleceram-se em conformidade com a ideia de se constituir uma ampla e diversificada base produtiva. Assim sendo:

> [a] CDI formulou em 1952 um "Plano Geral de industrialização" do país. Ele estabelecia uma classificação das atividades industriais e designava os setores prioritários que o governo deveria assistir em

---

o desenvolvimento industrial de modo "não intencional". De acordo com Bastos (*Idem*, "O presidente desiludido: a campanha liberal e o pêndulo de política econômica no governo Dutra (1942-1948)". História Econômica & História de Empresas, São Paulo, 2004, p. 125): "Quando a crise cambial eclodiu em 1947, o governo foi coerente. Justificou publicamente a restauração de um regime de licenças prévias de importações, que priorizava as complementares e dificultava concorrentes, pela necessidade de continuar aparelhando a indústria, garantindo o crescimento da produção interna em conjunto com a demanda interna. Controlando o acesso às reservas escassas, também buscava evitar uma desvalorização cambial e seu impacto inflacionário".

> sua política industrial: energético (produção de combustível, fabricação de motores e material elétrico pesado); metalurgia (extração de minérios essenciais, produção de metais e ligas metálicas); transformação mineral; química (processamento de matéria prima local e subprodutos industriais); têxtil; alimentos; borracha; pelos e couros; mecânica (indústria de máquinas, material de transporte, tratores e máquinas agrícolas); material de construção (cerâmica, vidro, cimento, cal) e material ótico (LEOPOLDI, *op. cit.*, p. 221-222).

Houve, portanto, um projeto de industrialização durante o segundo governo Vargas, que, entre outras medidas, aprofundava o papel da empresa pública nos setores transporte, energia, combustível e comunicações, além de estabelecer planos para a constituição da Petrobrás, Eletrobrás e expansão da CSN. Estas empresas, que requeriam investimentos consideráveis, de larga maturação e baixa rentabilidade, serviriam para impulsionar outros setores da indústria mais voltados à iniciativa privada (*Ibidem*, p. 222-223).

Para a implementação dos projetos estatais de grande porte e para o estabelecimento dos investimentos privados, volumosos financiamentos haveriam de ser captados, tanto no plano interno quanto no externo. No âmbito doméstico, a Reforma Cambial de 1953, a criação do BNDE (Banco Nacional de Desenvolvimento Econômico) em 1952 e a ampliação do crédito através do Banco do Brasil foram medidas que visaram reforçar tais propostas industrializantes (*Ibidem*, p. 224). A Reforma Cambial tinha por objetivo incentivar as exportações, eliminar controles burocráticos de importações e, principalmente, aumentar a participação do Estado nas rendas das transações com o exterior, através do controle sobre as taxas de compra e venda de divisas nos mercados cambiais (SOCHACZEWSKI, *op. cit.*, p. 83-85). De acordo com Lessa (*op. cit.*, p. 21-22), a reforma estabelecida pela Instrução SUMOC n° 70 de 1953:

> (...) compartimentalizou as operações cambiais em três mercados sujeitos a taxas múltiplas. Distribuíram-se as principais mercadorias de importação em cinco categorias com sobretaxas cambiais variáveis em função de leilões de câmbio, nos quais a autoridade monetária ofertaria divisas em bloco por categoria, superando o mecanismo de controle administrativo direto. O mercado

financeiro e certos itens de importação especiais permaneceriam apoiados numa taxa reduzida enquanto as exportações seriam divididas em distintos grupos para os quais pagar-se-iam bonificações fixas (...).

Salienta ainda que:

Este esquema permitia ao setor público voltar a participar dos fluxos externos, via ganhos na negociação de divisas.

O BNDE, por seu turno, seria responsável por financiar, a princípio, empreendimentos de infraestrutura, podendo contribuir para o desenvolvimento de indústrias básicas e projetos de agricultura. Seus recursos viriam de um "Fundo de Reaparelhamento Econômico", que seria constituído com apoio do Banco Mundial e do *Ex-Im Bank* (SOCHACZEWSKI, *op. cit.*, p. 161). Estes, contudo, foram reduzidos consideravelmente em função da reorientação tomada pelas duas instituições em 1952. A partir de então, o banco nacional passou a depender somente dos repasses provenientes de sobretaxas sobre o imposto de renda, depósitos em Caixas Econômicas, companhias de seguro e órgãos de previdência social e de sua própria capacidade de conceder avais a empréstimos realizados por empresas do Brasil, tomados no exterior (*Ibidem*, p. 160-161). O BNDE, além disso, sofreu perdas constantes em virtude de o Tesouro deixar, sistematicamente, de fazer os devidos repasses relativos às sobretaxas sobre o imposto de renda (*Idem*). A extensão do Crédito Agrícola e Industrial expandido para o setor da indústria de transformação, fornecido pelo Banco do Brasil, foi, por sua vez, a medida de incentivo vinculada às necessidades vitais que tinham as firmas brasileiras de capital de giro (LEOPOLDI, *op. cit.*, p. 224).

Em realidade, muito do que se pretendia realizar durante o governo Vargas tinha como base financeira os esperados recursos provenientes da cooperação entre os governos brasileiro e norte-americano, através da Comissão Mista Brasil-Estados Unidos (CMBEU). De acordo com Sochaczewski (*op. cit.*, p. 161):

Em dezembro de 1950, os governos brasileiro e norte-americano assinaram um acordo de cooperação estabelecendo uma Comissão

Mista para avaliar e projetar os planos de um "Programa de Reaparelhamento Econômico". Mais tarde, em setembro de 1951, o Banco Mundial e o Eximbank concordaram em suprir os recursos necessários para a implementação dos projetos aprovados pela comissão mista.

Lessa (*op. cit.*, p. 21) nos informa, além disso, que os norte-americanos haviam prometido para tal programa US$ 500 milhões para o reaparelhamento dos setores de energia e transporte. Salienta ainda que:

> A CMBEU, além de um diagnóstico da economia brasileira, elaborou um conjunto de 41 projetos de inversão na faixa do capital social básico que propunha a modernização e ampliação substancial do sistema de transporte ferroviário e marítimo e do setor energético (*Ibidem*, p. 21).

Conforme Bastos (*op. cit.*, p. 502), a dependência em relação aos recursos dos EUA foi praticamente irresistível, pois o governo Vargas tinha dificuldades em concentrar internamente as somas necessárias para que seu projeto desenvolvimentista fosse, em grande parte, financiado sem que dependesse de fontes externas. A falta desse aporte em outras instâncias internacionais,[5] a posição conciliadora do Congresso Nacional brasileiro quanto a uma aproximação com os Estados Unidos e a então convidativa política externa de Truman, consubstanciada no ponto IV,[6] haviam levado o governo de Getúlio a uma aliança incerta com os norte-americanos, no que se refere a uma transferência substancial e incondicional de recursos financeiros (*Idem*).

---

5 Como já aludimos, Europa e Japão ainda se recuperavam da Segunda Guerra e o Brasil sequer tinha relações diplomáticas com a União Soviética.

6 O Ponto IV foi um: "Programa de cooperação técnica internacional entre os Estados Unidos e os países latino-americanos proposto pelo presidente norte-americano, Harry Truman, em seu discurso de posse, em janeiro de 1949. Recebeu esse nome por ser o quarto ponto do discurso presidencial. O ponto IV, no Brasil, foi estabelecido através da assinatura de dois acordos com o governo norte-americano: Acordo Básico de Cooperação Técnica, de 19 de dezembro de 1950 e o Acordo de Serviços Técnicos Especiais, de 30 de maio de 1953" (DICIONÁRIO Histórico-biográfico, 2001, p. 4736).

De fato, como se verificou posteriormente, a disposição norte-americana em fornecer verbas não era, de modo algum, desinteressada, havendo, com a entrada da gestão Eisenhower no governo dos EUA, em 1953, uma reversão total das políticas financeiras direcionadas à periferia fora das regiões de fronteira com os comunistas. Consequentemente, as promessas feitas para a CMBEU pareciam ziguezaguear entre as zonas da incerteza e da submissão.[7]

Em seu segundo mandato, a gestão Truman buscou redefinir suas prioridades quanto aos países periféricos, substituindo a negligência por uma nova atenção, ou seja: "(...) propiciar assistência técnica e financeira às regiões pobres do "Mundo Livre", para evitar que elas (...) abandonassem [os Estados Unidos em favor de alguma outra via alternativa ao capitalismo]". (BASTOS, *op. cit.*, p. 445). Esta ajuda, contudo, além de uma estratégia de contenção do comunismo em expansão nas zonas periféricas, tinha a premissa velada de fazer com que o controle sobre setores de infraestrutura e insumos essenciais, nestas regiões, fosse exercido por filiais norte-americanas, no sentido de reforçar a segurança dos Estados Unidos e assegurar o fornecimento de tais matérias-primas ao complexo industrial militar norte-americano (*Ibidem*, p. 447). Oferecia-se ajuda em troca de uma abdicação em relação ao controle sobre os recursos nacionais. O relato de Rômulo de Almeida, coordenador da Assessoria Econômica de Getúlio Vargas, ilustra o comportamento dos membros da CMBEU, muitos deles norte-americanos, quando de sua passagem por aquela Comissão:

> (...) era um pessoal essencialmente antiestatista, privatista, a favor da Light, a favor das Empresas Elétricas Brasileiras.[8] [Sua] política era trazer dinheiro americano para reforçar a Light e as Empresas

---

[7] É interessante, desse modo, observar em relatório sobre as relações Brasil-Estados Unidos, emitido pelo responsável por assuntos econômicos da Embaixada norte-americana, a afirmação de que a CMBEU foi encerrada por aquele Estado em virtude de o governo brasileiro utilizá-la para fazê-los cumprirem promessas *não feitas* (grifos meus). FOREIGN SERVICE DISPATCH, 'Economic Stresses in Brazil-United States Relations', 10 Out. 1960, NARA – C80: 832/00-10-1060.

[8] Filial da *American Foreign Power* (AMFORP).

Elétricas Brasileiras, e a nossa política (da Assessoria Econômica) não era essa. A nossa política era fazer o Estado atuante.[9]

Coincidência ou não, o Banco Mundial – que teria participação fundamental no financiamento dos projetos da CMBEU –, em 1949, fez empréstimos que totalizaram US$ 137,1 milhões, sendo que US$ 75 milhões foram direcionados para a BrazilianTraction Light and Power Co. (LEOPOLDI, *op. cit.*, p. 225). Ou seja, mais da metade do que foi concedido para infraestrutura no Brasil ficou em poder de uma única empresa norte-americana.

Mesmo havendo indicações de que existiria uma tendência a se direcionar os recursos financeiros externos para filiais de origem norte-americana, a CMBEU, conforme enfatizamos, produziu estudos significativos que deram origem a um número considerável de projetos viáveis que ainda poderiam ser financiados, dando continuidade ao desenvolvimento industrial. Com o início da gestão republicana na presidência dos EUA, todavia, os recursos públicos norte-americanos para as propostas brasileiras tornar-se-iam definitivamente escassos.

A nova diplomacia inaugurada pelo governo Eisenhower tinha perspectiva diferente quanto à questão da ajuda financeira aos países subdesenvolvidos. Com intuito de manter as promessas da campanha presidencial de 1952, dentre as quais, reduzir os gastos governamentais direcionados a ajuda externa (RABE, *op. cit.*, p. 65), priorizou-se o envio de recursos governamentais tão só aos países onde o "assalto"[10] comunista realmente se fazia presente (*Idem*), não sendo este o caso da América Latina[11] (*Ibidem*, p. 40). Nesta região, o governo dos Estados Unidos tomou a iniciativa de limitar o *Ex-Im Bank* a realizar apenas operações de curto prazo, reduzindo os empréstimos de longo termo

---

9 Entrevista de Rômulo de Almeida ao CPDOC da Fundação Getúlio Vargas (FGV) em 1980 (*apud*. LEOPOLDI, *op. cit.*, p. 220).

10 Nos dizeres do próprio presidente Dwight Eisenhower ao seu irmão Milton Eisenhower (RABE, *op. cit.*, p. 65).

11 "(...) a ajuda econômica para a América Latina não era parte da estratégia de Guerra Fria dos EUA"(*Ibidem*, p. 76)

de US$147 milhões, em 1952, para mínimos US$7,6 milhões, em 1953.[12] Os Estados interessados em novos aportes deveriam, conforme recomendava aquele governo, buscar os investimentos de que necessitavam junto à iniciativa privada estrangeira, ou seja, norte-americana[13] (*Ibidem*, p. 65), a quem deveriam atrair, oferecendo, como já enfatizamos anteriormente, facilidades fiscais, garantias políticas e mercados atraentes o suficiente para o pagamento de suas taxas de risco e lucro. Não seria demasiado recordar a vinculação já mencionada de altos funcionários governamentais a empresas norte-americanas com interesses na América Latina.

Mantinha-se, da mesma forma que na gestão anterior, a preocupação com o fornecimento de insumos estratégicos, assim como com a penetração e controle dos mercados locais por parte das filiais norte-americanas supridoras do complexo industrial militar (BASTOS, *op. cit.*, p. 481-482). O resultado foi que grande parte dos investimentos privados norte-americanos na América Latina (por volta de US$ 6 bilhões, ou seja, 40% do investimento externo dos Estados Unidos) foi direcionado para setores extrativos como o cobre no Chile e o petróleo na Venezuela (RABE, *op. cit.*, p. 75-76).

Quanto à Comissão Mista Brasil-Estados Unidos, a partir da instalação da administração Eisenhower, as perspectivas de receber fundos para os projetos elaborados pelas equipes tornaram-se muito menos promissoras. Poderia ter havido alguma chance, caso a barganha que o velho presidente vinha tentando realizar, desde a gestão Truman, bloqueando o fornecimento brasileiro de minerais estratégicos em troca de recursos financeiros, tivesse sido bem sucedida. Conforme Bastos (*op. cit.*, p. 453):

> No início de janeiro de 1951, o memorando enviado por Vargas ao Departamento de Estado indicava claramente que a cooperação

---

[12] O empréstimo compensatório de US$300 milhões fornecido ao Brasil para o socorro ao balanço de pagamentos, no início do governo Eisenhower, em 1952, fazia parte de um compromisso herdado da administração Truman. Sua concessão foi considerada por aquela gestão um verdadeiro fiasco (RABE, *op. cit.*, p. 65).

[13] Conforme Eisenhower: "(...) se os latino-americanos querem nosso dinheiro, que sejam então instados a procurar nosso capital privado" (*Ibidem*, p. 65).

brasileira para fornecimento de minerais estratégicos deveria ter, como contrapartida norte-americana, a oferta de recursos financeiros e técnicos vinculados a extenso programa de industrialização de base e reaparelhamento da infraestrutura (...).

Em outras oportunidades, como na Reunião de Consulta dos Chanceleres Americanos em 1951, assim como durante as negociações do Acordo Militar de 1952, a proposta de Vargas foi explicitada o bastante no sentido de que os norte-americanos encetassem as primeiras tratativas (*Ibidem*, p. 453).

O condicionamento imposto pelo governo brasileiro dependia, contudo, de que o país detivesse o monopólio da produção daqueles minerais (areias monazíticas e seus subprodutos). A descoberta de novas fontes na África do Sul e nos próprios Estados Unidos, ainda em 1951, permitiria, entretanto, que o governo norte-americano assinasse um acordo de fornecimento por parte do Brasil, tendo a ideia de revogá-lo tão logo fossem garantidas as necessidades dos EUA por meio das alternativas recém descobertas (BASTOS, *op. cit.*, p. 453-454). De fato, no fim de 1952, o acordo foi denunciado e a última cartada do presidente Getúlio Vargas não lhe rendeu os proventos esperados.

O Banco Mundial (BM), como a outra fonte da qual também se esperavam recursos significativos para os planos desenvolvidos pela CMBEU, contribuiu com valores muito aquém das expectativas. Em 1951, as relações entre o governo brasileiro e a instituição haviam se deteriorado em virtude das medidas que o governo brasileiro havia adotado para o controle de remessas de lucros e repatriação de capitais estrangeiros. O Brasil passava por sérios problemas no que se refere a suas contas externas (LEOPOLDI, *op. cit.*, p. 225). De acordo com Mason e Asher (1973, p. 659-660), tanto o governo dos Estados Unidos quanto o Banco Mundial não foram conciliadores com o governo brasileiro. O Banco Mundial, naquele momento, cortou todos os créditos, até que o problema das remessas estivesse resolvido (*Ibidem*, p. 659-660). Em 1953, quando o Congresso promulgou lei restabelecendo os fluxos para o exterior, o banco voltou à mesa de negociações com uma disposição para emprestar bastante diferente daquela que tinha antes da intervenção brasileira (*Ibidem*, p. 661). Exigiu medidas econômicas de austeridade, além de considerar o estabelecimento do monopólio petrolífero da Petrobrás um sério engano cometido pelo governo brasileiro (*Ibidem*, p. 662).[14]

De acordo com Bastos (*op. cit.*, p. 461), o Banco Mundial, tendo como base para suas operações de empréstimo o fomento do desenvolvimento econômico nos países periféricos, em realidade, "(...) não era uma instituição meramente técnica, e sua concepção de desenvolvimento econômico 'correto', e de seu papel para fomentá-lo, não se adequava à concepção que Vargas propunha tão abertamente desde a campanha eleitoral". Ou seja, a proposta varguista de uma participação efetiva por parte do Estado no planejamento econômico, criando empresas estatais, restringindo a entrada de capitais privados em setores produtivos considerados estratégicos e, o que seria mais "grave", controlando a entrada e saída de capitais estrangeiros ia totalmente contra o que pregava a cartilha do Banco.

A participação do Banco Mundial na CMBEU não se devia, portanto, a uma ignorância em relação às políticas pretendidas pelo governo brasileiro, nem ao fato de haver na Comissão membros do governo norte-americano que poderiam "melhor" avaliar os projetos no sentido de que fossem viáveis de acordo com os critérios do Banco. O BM era, em realidade, uma entidade recém-instituída que buscava firmar sua própria existência, já que competia por tomadores nos países subdesenvolvidos com os volumosos fundos do *Ex-Im Bank*. Além disso, interessava aos Estados Unidos que o Banco se tornasse uma entidade que funcionasse efetivamente, pois os norte-americanos haviam sido os únicos a terem integralizado a respectiva cota de participação estabelecida em Bretton Woods junto à entidade (a maior de todas entre os países participantes) e, além disso, poderiam, nas negociações com o Brasil, deixar que esta instituição multilateral recebesse boa parte das críticas e pressões decorrentes das frequentes exigências que (bastante apoiadas pela diplomacia norte-americana) estipulava para conceder os empréstimos requeridos. Ou seja, o banco poderia pressionar a favor dos EUA pela abertura dos setores que interessavam às firmas norte-americanas – notadamente o petrolífero e de

---

14 Juntamente com os Estados Unidos.

energia elétrica–, pela eliminação dos controles sobre circulação de capitais e por uma limitação das atividades estatais a setores em que não interferissem nos interesses privados estrangeiros.[15]

O alinhamento da política econômica de corte ortodoxo do Banco Mundial à diplomacia dos EUA devia-se não só à influência que aquele país tinha sobre o Banco, mas à necessidade de tornar-se uma entidade respeitável perante os mercados financeiros de Nova Iorque, de onde provinha também uma parte considerável de seus fundos. Neste ponto, Bastos (*op. cit.*, p. 463-464) explica que a necessidade que tinha aquela instituição:

> (...) de consolidar a imagem de um banco digno de confiança aos olhos da comunidade de investidores de Wall Street tendia a limitar seus empréstimos, por sua vez, àqueles países cujos programas econômicos fossem considerados confiáveis aos olhos da ortodoxia financeira nova iorquina. Uma vez que os investidores não gostariam de ver seus recursos financiando indiretamente governos de linha socializante e/ou nacionalista, que defendessem a expansão de empreendimentos estatais em esferas de atividade que a livre iniciativa poderia explorar com maior eficiência, e que no limite apelassem até a ameaças de expropriação dos direitos de propriedade para forçar barganhas desagradáveis, o BIRD tendia a não funcionar apenas como um intermediário que avaliasse alternativas de aplicação de recursos de um ponto de vista meramente técnico.

Além disso, na administração Truman e, mais ainda, na de Eisenhower eram frequentes as nomeações para postos de alto escalão no Banco de pessoas pertencentes a elite funcional do Estado norte-americano ou vinculados a instituições financeiras privadas de Nova Iorque, facilitando a coesão nas posições tomadas pelo Banco e pelo governo dos Estados Unidos frente a outros países (*Ibidem*, p. 475).

A participação do Banco Mundial junto à CMBEU, portanto, foi a de, além de exigir sua agenda ortodoxa, fazer parte de uma barganha conduzida pelos Estados Unidos em que, em troca dos empréstimos, o Estado brasileiro

---

15   Quanto a esta argumentação ver Bastos (*op. cit.*, p. 461-466).

seria forçado a abrir setores que eram de interesse das empresas norte-americanas – o já mencionado binômio petróleo-eletricidade (*Ibidem*, p. 460-461). A recusa de Getúlio Vargas em abrir mão sobre tais setores e da soberania sobre o poder de decisão sobre os fundos que seriam emprestados, contudo, fez com que os valores transferidos aos projetos da Comissão fossem reduzidos a patamares muito abaixo dos esperados. Com entrada da recalcitrante administração Eisenhower no governo dos EUA e dada à falta de sucesso quanto à barganha conduzida pelo presidente Vargas, no que se referia aos minerais estratégicos, a CMBEU acabou extinta precocemente pelo próprio governo norte-americano em 1953 (*Ibidem*, p. 486), encerrando, em grande medida, muitas das possibilidades de concretização do projeto de complementação industrial pensado durante o segundo governo Vargas.[16]

O Interesse Nacional e a Opção pela Continuidade do Processo de Industrialização no período JK

Depois da morte de Getúlio Vargas, o governo que assume dá início a uma fase que, de acordo com Lessa (*op. cit.*, p. 25), "(...) constitui, em seu conjunto, um tateio da política econômica por retornar a seu padrão convencional, preocupada com a estabilidade, via contenção da demanda global". Como salienta este autor (*Ibidem*, p. 12), com a acentuação do processo inflacionário, diversos esquemas restritivos foram tentados sem sucesso. Considerado o governo de Café Filho pouco identificado com o getulismo – enfraquecido, desse modo, em suas bases políticas – e dado que as empresas recém-instaladas estavam acostumadas a altos níveis de rentabilidade e expansão, estas fariam pressão irresistível para que a

---

16 Leopoldi (*op. cit.*, p. 253-254) argumenta que o governo Vargas teria ainda mostrado disposição para conduzir um processo de industrialização baseando-se numa coalizão entre Estado, empresas estrangeiras e nacionais, todavia a crise política de 1954 não teria permitido a viabilidade do modelo. Bastos (*op. cit.*, p. 512) também assinala que o governo Vargas, depois de confirmada a indisposição dos Estados Unidos em fornecer empréstimos, buscou " (...) constituir comissões mistas com países europeus para atrair filiais estrangeiras e obter créditos de fornecedores. Esta estratégia alternativa surtiria pleno efeito apenas no governo Juscelino Kubitschek (...)".

restrição sobre o crédito que vinha sendo implementada fosse revertida, aliviando operações sufocadas pela falta de capital de giro (*Ibidem*, p. 25).[17] O que importa salientar, a partir disso, é que tais políticas novamente reforçaram junto às elites dominantes a ideia de se dar continuidade ao processo de industrialização, a partir do planejamento e da participação do Estado nacional num nível ainda mais ambicioso que aquele do início dos anos 1950 (*Ibidem*, p. 28-29).

A reivindicação das empresas nacionais era a da retomada do rumo da industrialização. Kubitschek com sua proposta desenvolvimentista teve, desse modo, desde o início de sua campanha, o apoio da maioria dos empresários locais[18] (LEOPOLDI, *op. cit.*, p. 258, LESSA, *op. cit.*, p. 25). Conforme Leopoldi (*op. cit.*, p. 259), "[os] industriais da FIESP enfatizavam a necessidade de um 'programa orgânico de defesa da produção nacional', reivindicavam tarifas aduaneiras protecionistas e incentivo aos investimentos estrangeiros, colocando-os 'num mesmo plano de igualdade com o capital nacional'", delegando, além disso, ao Estado os setores da indústria intermediária de bens de produção (LESSA, *op. cit.*, p. 31-32). O programa de industrialização de JK, por outro lado, também estendia oportunidades de emprego, facilitando a conciliação entre as massas e as elites (LAFER, 2002, p. 62).

Não bastava, contudo, a adesão de trabalhadores e empresários ao programa econômico de Kubitschek. Vargas, em grande medida, também desfrutava desse mesmo apoio, mas não teve condições de encaminhar seu projeto adiante sem que fosse impedido pelas articulações oposicionistas, que enfraqueceram suas bases políticas pouco antes de sua morte. A estabilidade necessária para que o governo JK pudesse, por sua vez, mobilizar a burocracia

---

17 Não faremos, neste trabalho, referência ao debate sobre as implicações políticas resultantes do suicídio de Getúlio Vargas, em agosto de 1954. Salientamos tão só que as forças oposicionistas ao seu governo perderam naquele momento quase toda sua força, dada a comoção nacional provocada pela morte do presidente e a divulgação de sua Carta Testamento.

18 "Ademais, (…), num plano mais próximo, encontrava-se num conjunto de empresas diretamente beneficiadas pela expansão de gastos públicos – grandes firmas empreiteiras, fornecedoras do governo etc., aliadas incondicionais da formulação destes objetivos". (LESSA, *op. cit.*, p. 32).

e utilizar-se dos instrumentos de política econômica com maior desenvoltura, mantendo a ordem política, foi garantida pela convergência de interesses dada pela aliança de dois dos principais partidos políticos da época,[19] PSD (Partido Social Democrático)[20] e PTB (Partido Trabalhista Brasileiro),[21] além das Forças Armadas Brasileiras (BENEVIDES, 1979, p. 48). Todos, numa quase unanimidade, apoiaram a política econômica do governo, em que o núcleo foi o Plano de Metas (*Ibidem*, p. 49). Juntos, os dois partidos desfrutavam de maioria no Congresso, impedindo o bloqueio oposicionista[22] aos atos do Executivo, enquanto o apoio do alto oficialato garantia a paz interna e a disciplina militar[23] (*Ibidem*, p. 148). Cabe salientar que o suporte das Forças Armadas tinha como uma de suas premissas a ideia de que o desenvolvimento econômico era imprescindível em termos de defesa militar, pois promovia a constituição de infraestrutura em transportes, comunicações, energia, material bélico, etc. (*Ibidem*, p. 240). O pacto entre os diversos segmentos sociais para que se implantasse o programa de JK é melhor esclarecido por

---

19 "(...) a aliança [PSD/PTB] funcionou efetivamente como um canal para o processamento das diferentes demandas no sistema político, representando interesses diversos, porém convergentes. A função clientelística foi concretamente assumida pela aliança na medida em que o PTB controlava o Ministério do Trabalho e os órgãos da Previdência Social e da política sindical e o PSD detinha todo o controle burocrático referente aos interesses de suas bases de poder rural e local, além dos órgãos de política financeira do país" (BENEVIDES, *op. cit.*, p. 72).

20 Partido com o qual se elegeu presidente, Juscelino Kubitschek, em 1955.

21 Partido com o qual se elegeu como vice-presidente João Goulart, em 1955, juntamente com Juscelino Kubitschek. Pela Carta Constitucional de 1946, o vice era eleito pelo voto direto sem uma necessária vinculação a um candidato presidencial.

22 A UDN (União Democrática Nacional) era o principal partido de oposição ao governo Kubitschek.

23 "(...) a estabilidade do Governo Kubitschek só foi possível graças ao esquema político-militar que o sustentou – ou seja, o grupo militar do 11 de novembro mais a aliança PSD/PTB – após as graves crises de 54/55 (suicídio de Getúlio, oposição civil-militar virulenta a candidatura JK-Jango etc.)" (BENEVIDES, *op. cit.*, p. 147). Devemos recordar também dos levantes militares contra o governo JK em Jacareacanga em fevereiro de 1956 e Aragarças em dezembro de 1959.

Hélio Jaguaribe (*apud*. BENEVIDES, *op. cit.*, p. 74-75), complementado por Benevides (*Ibidem*, p. 74-75):

> Assim, segundo Hélio Jaguaribe, "a aliança PSD/PTB corresponde à formação de uma frente nacional incorporando a burguesia nacional (a burguesia industrial e um setor da burguesia comercial especializado na troca de produtos da indústria nacional); a classe média progressista (profissionais liberais, assim como administradores da nova indústria nacional e a nova *intelligentzia*) e o proletariado. Essa frente nacional, compondo (frouxamente) a maioria no Congresso, conseguiu levar o país (se bem que com pouquíssima consciência de seu papel) ao caminho do desenvolvimento econômico e da emancipação nacional, do segundo governo Vargas (50/54), passando pelo governo JK até a nova crise estrutural da década de 60". Concordamos com este autor, mas lembramos também a participação dos setores rurais pessedistas, o que contrabalançava o caráter "progressista" da aliança, mas que era importante em termos de poder efetivo, pois compunha-se como o "pacto de dominação" vigente, que exigia a conciliação dos interesses rurais urbanos, dos conservadores e dos "progressistas".

O programa de Kubitschek herdara muito daquilo que fora desenvolvido no governo Vargas em termos de planejamento. Enfatiza Lafer (*op. cit.*, p. 53-54), que quando JK iniciou sua gestão, o sistema político já estava preparado para o programa e um corpo técnico experimentado já se apresentava disponível. Kubitschek teria sabido, portanto, se utilizar muito bem desses recursos para a elaboração e implementação do Plano de Metas. Havia, além disso, o Grupo Cepal-BNDE,[24] que publicou, em 1955, estudo fundamental para preparação do referido Plano de desenvolvimento (*Ibidem*, p. 56). Houve novamente a participação de representantes do setor industrial junto aos órgãos administrativos do Estado. O GEIA (Grupo Executivo da Indústria

---

24 "O conceito de pontos de estrangulamento fora apresentado de forma mais sofisticada no estudo do Grupo Cepal-BNDE, publicado em 1955. Esse estudo tentara identificar também os pontos críticos na economia brasileira que exigiam aperfeiçoamento e se tornou um elemento decisivo no processo de preparação da decisão para o Programa de Metas" (LAFER, *op. cit.*, p. 56).

Automobilística) e o Geimape (Grupo Executivo da Indústria de Máquinas Pesadas), dentre outros, foram órgãos de uma administração paralela criada no período – com o objetivo de dar maior agilidade na implementação do Plano de Metas – que contaram com representantes diretos de setores industriais nacionais (LEOPOLDI, *op. cit.*, p. 262). Esses e outros grupos executivos similares contavam, além disso, com representantes de ministérios, militares, funcionários da CACEX, da SUMOC, da Carteira de Câmbio do Banco do Brasil [e] do BNDE (*Idem*). Os grupos executivos eram coordenados pelo CDE (Conselho de Desenvolvimento Econômico), agência superior de planejamento do governo Kubitschek, que também operava grupos de trabalho consultivos, sem função executiva, onde técnicos do governo trabalhavam juntamente com empresários (*Idem*).

O CDE, diferentemente do CDI do governo Vargas, não tinha representantes diretos da indústria. Vale salientar que a participação das empresas nacionais já se articulava de modo diferente desde a entrada considerável de capital estrangeiro na indústria. Leopoldi (*op. cit.*, p. 263) nos informa que:

> (…) com a morte de Roberto Simonsen e o afastamento de Euvaldo Lodi da CNI e da Firjan em 1954, saíram de cena as lideranças da era getulista, dando lugar a um sistema híbrido: ao lado das federações regionais, agora dominadas pelos gerentes de empresas [multinacionais] de São Paulo e no Rio de Janeiro, apareciam as associações paralelas (ABDIB, Abimaq, Anfavea, entre outras), baseadas em setores específicos da indústria, as quais foram sendo mobilizadas pelo governo Kubitschek para atuar nos grupos executivos.[25]

A autora enfatiza ainda (*Ibidem*, p. 265) que, além dessa atuação mais fragmentada em associações setoriais, a indústria local vinha percebendo sua situação de forma diversa daquela do período Vargas. Em certos momentos, seus representantes indignaram-se por ter ganho um papel de "sócio menor"

---

25 ABDIB: Associação Brasileira da Infraestrutura e Indústrias de Base; Abimaq: Associação Brasileira da Indústria de Máquinas e Equipamentos; Anfavea: Associação Nacional dos Fabricantes de Veículos Automotores.

na nova aliança Estado-capital estrangeiro/capital nacional[26] (*Idem*). As empresas multinacionais tinham suporte financeiro externo, monopolizavam tecnologias, instalavam capacidade produtiva além da demanda e logo assumiam a liderança oligopólica sobre os ramos em que atuavam.[27] As críticas dos industriais brasileiros, portanto, recaíam sobre as facilidades concedidas àquelas pela Instrução SUMOC 113, que permitia a importação de máquinas e equipamentos sem necessidade de cobertura cambial. Contudo, o crescimento econômico, a expansão das oportunidades de investimento, as políticas públicas em termos de proteção tarifária[28] e a abertura de crédito às empresas nacionais colaboraram enormemente para amenizar os ânimos[29] (LEOPOLDI, *op. cit.*, p. 271; SOCHACZEWSKI, *op. cit.*, p. 105; LESSA, *op. cit.*, p. 84). Conforme Leopoldi (*op. cit.*, p. 271), "[é] desta forma que se pode entender o aparente paradoxo de políticas governamentais que favore-

---

26 "As estimativas da FGV mostram, com clareza, a extensão do incremento resultante. Assim, a participação do governo na formação bruta de capital fixo (exclusive empresas estatais) cresce de 25,6% no quadriênio 1953/56 para 37,1 % nos quatro anos do Plano de Metas. (...) uma vez que não computa o papel das empresas estatais. Se incluídas, apenas as do governo federal elevariam a participação para 47,8%, no período 1957/60" (LESSA, *op. cit.*, p. 70).

27 Ver relatório sobre a estrutura industrial das empresas líderes no trabalho de Tavares, Façanha e Possas (1978) onde está demonstrado que as empresas nacionais, em sua maioria, ocuparam, depois dos anos 1950, a liderança de mercado em setores mais tradicionais em que a tecnologia é mais simples e difusa, enquanto as multinacionais ocuparam tal posição nos ramos em que há necessidade de maiores investimentos e tecnologia mais avançada, por exemplo, de eletrodomésticos e automobilístico.

28 Em 1957, estabeleceu-se a tarifa aduaneira *ad-valorem*, alterando a antiga tarifa fixa que se defasava com o processo inflacionário e protegendo diversos setores que eram do interesse da indústria nacional.

29 Tavares (*op. cit.*, p. 115) argumenta ainda que: "Efetivamente, o processo de concentração relativa que a partir de fins da década de 1950 se deu como tendência inexorável em favor do capital internacional e das empresas estatais, não prejudicou, em termos absolutos, o conjunto do capital de propriedade de 'nacionais'. Poder-se-ia mesmo dizer que o salvou de uma tendência maior à estagnação relativa, embora submetendo-o a crises conjunturais mais agudas."

cem o crescimento da indústria nacional ao mesmo tempo em que colaboram para sua desnacionalização".

Em suma, a adesão à proposta de Juscelino Kubitschek, abarcando amplos setores da sociedade, renovou, por caminhos distintos, a opção feita pela continuidade do processo de industrialização que vinha sendo conduzida pelo governo Vargas. Os desdobramentos da recuperação da Europa e do Japão em meados dos anos 1950 fizeram com que a alternativa escolhida pelo governo Kubitschek, para escapar do estrangulamento nas contas externas e diversificar tecnologicamente o parque industrial, fosse a de incentivar a entrada de investimentos produtivos estrangeiros em território nacional.[30] A penetração desses capitais e a intensificação da participação do Estado nacional foram modificando, todavia, a importância relativa da participação entre estas três instâncias do capital na renda nacional. Entretanto, o crescimento econômico como resultado esperado e, posteriormente, como benefício concreto favorável aos diversos segmentos sociais, consolidava o Plano de Metas, tanto em suas propostas quanto em seus resultados, como a principal estratégia para atendimento do interesse nacional.

O Plano de Metas

Como temos afirmado, Kubitschek, ao iniciar sua gestão como presidente, retomaria com intensidade o rumo industrializante iniciado no governo Vargas. Para encaminhar sua proposta adiante, aproveitar-se-ia das experiências de planejamento vividas durante aquele período, assim como do espólio administrativo varguista que contava com órgãos executivos, fundos públicos, projetos de investimento, além de pessoal técnico capacitado. Podendo apoiar-se numa ampla e renovada coalizão político-social, enfrentaria os problemas de um país em industrialização tardia, ou seja, baixa capacidade de investimento autônomo, tecnologia própria pouco desenvolvida, mercado financeiro inexistente, desequilíbrio estrutural entre os setores produtivos, infraestrutura deficitária, entre outros. Externamente, os desdobramentos de

---

30   Conforme buscamos explicitar no capítulo 1.

uma crise cambial que ocorria devido, principalmente, à queda do valor das exportações e ao vencimento de compromissos internacionais assumidos pelos governos anteriores apresentar-se-iam como os principais problemas.

Em realidade, as dificuldades internas e externas estavam diretamente vinculadas, já que o país, nos anos 1950, ainda dependia grandemente das exportações de café para financiar os empréstimos internacionais que realizava e para importar mercadorias imprescindíveis para o funcionamento local da economia. A indústria nacional, à qual faltaria agressividade, conforme Lessa (*op. cit.*, p. 31), – neste ponto discordamos deste autor – estava em grande medida impossibilitada de realizar a concentração-centralização de capitais e de desenvolver as técnicas necessárias para se conseguir a escala produtiva na magnitude requerida. Não tinha, por seu turno, condições de ampliar, pela simples diversificação de seus investimentos, o rol de produtos nacionais ofertados, amenizando a pressão sobre a pauta de importações (TAVARES, *op. cit.*, p. 113).

O setor manufatureiro, portanto, também dependia de produtos vindos do exterior, já que, como salienta Lessa (*op. cit.*, p. 31), "(…) de modo geral, a indústria intermediária não havia acompanhado o crescimento do setor produtor de bens de consumo". Dessa maneira, a ideia de que havia enorme necessidade de substituição de importações e de que era importante que a economia do país não estivesse sujeita as incertezas das oscilações de preço dos produtos primários de exportação suportou a tomada de consciência, tanto por parte da burocracia estatal, quanto do empresariado, de que era imperiosa a necessidade de atacar tais restrições e ampliar a industrialização no Brasil.

Dessa forma, as possibilidades decorrentes da restruturação econômica internacional que ainda vinham se desdobrando, desde o fim da Segunda Guerra Mundial, poderiam oferecer novas alternativas para um programa brasileiro. Como apresentamos anteriormente, havia, por um lado, pouca ou nenhuma vontade por parte do governo norte-americano em emprestar fundos públicos para os projetos de desenvolvimento brasileiros.[31] A administração Eisenhower, ao determinar o encerramento da CMBEU, em 1953, já havia mostrado qual era a disposição do governo republicano em relação

---

31 Ver capítulo 2.

ao Brasil (vale salientar mais uma vez que a segundo mandato de Eisenhower terminaria apenas 10 dias antes do fim do governo Kubitschek). Por outro lado, a retomada do processo de internacionalização produtiva por parte das empresas europeias e japonesas em meados dos 1950, desbordando para a periferia em revide ao desafio norte-americano naqueles países, ofereceria ao governo brasileiro oportunidade de receber importantes investimentos diretos, escapando, em parte, do domínio das decisões dos EUA[32] – não, obviamente, sem que se pagasse com a abdicação de mercados internos e com remessas internacionais futuras para que tais empresas invertessem no país.

Dessa forma, em janeiro de 1956, antes de assumir o posto de presidente do Brasil, Juscelino Kubitschek embarcou em um périplo pelos Estados Unidos e Europa, em busca de novos investimentos para o Plano de Metas. O presidente eleito e seus assessores sabiam que não poderiam perder tempo, já que, para obter êxito no programa em que haviam se comprometido, volume considerável de recursos financeiros e tecnologia externos seriam necessários.[33] Além disso, o cenário econômico brasileiro não apresentava as condições consideradas favoráveis para a implementação de uma proposta de tal envergadura.

A partir de 1955, houve queda nos preços do café com impacto no resultado das exportações o que, consequentemente, atingia a capacidade do país de realizar importações. De acordo com Lessa (*op. cit.*, p. 57),

> [as] exportações que haviam crescido substancialmente (...) em virtude da melhoria do preço internacional do café, atingindo a média de US$ 1. 566 milhões no quadriênio 51/54, entraram a

---

32 "(...) a implementação do Programa de Metas não dependeu de uma estratégia especificamente favorável do país hegemônico no sistema capitalista internacional, ou seja, não houve "sincronia" entre os movimentos interno e externo. A estratégia nacional, de aceleração da industrialização, encontrou viabilidade nas brechas do policentrismo, com a emergência dos países do Mercado Comum Europeu e a do Japão" (BENEVIDES, *op. cit.*, p. 237).

33 A técnica estrangeira era indispensável, mesmo que houvesse um alto preço a pagar (FURTADO, 1962, p. 87).

declinar a partir de 55 e não apresentavam indícios de tendência à recuperação.

Nesse ponto, Sochaczewski (*op. cit.*, p. 88) acrescenta ainda que os termos de troca do comércio exterior brasileiro caíram de forma geral a partir desse ano. Os compromissos internacionais com juros e amortizações também pressionariam de modo negativo e com maior intensidade o balanço de pagamentos a partir daquele ano (vide Tabelas – Tabela I, "juros" no item 'B' e "amortizações" no item 'F'). Apesar de ter ocorrido um superávit tênue em 1955 e um pouco melhor em 1956, a partir deste ano, as reservas internacionais entraram em declínio (vide Tabelas – Tabela II), mesmo considerando-se que houve medidas para frear tais constrições.[34]

Considerando o cenário econômico "desfavorável", a relativa debilidade do capital nacional e a complexidade interna e externa das soluções necessárias, a participação estatal no planejamento e nos investimentos dentro do país tornou-se ainda mais imprescindível.[35] O Plano de Metas foi, dessa maneira, a pedra angular para ações racionalizadas do Estado, no sentido de superar os estrangulamentos econômicos a que estava sujeito o país. O Plano, como nos mostra Lafer (*op. cit.*, p. 52),

> (...) não visava ao planejamento global, mas concentrava-se em certos setores-chave da economia brasileira, tanto públicos como privados, que englobavam cerca de ¼ da produção nacional. Uma

---

[34] "Os preços do café, que deveriam se estabilizar nos níveis de 1949/1952 (...) caíram constantemente ao longo do período, desde 1955. Como consequência a capacidade de importar ficou bem abaixo das previsões, apesar do ingresso de capitais de longo prazo ter superado os valores esperados. O resultado foi, obviamente, a ocorrência de fortes déficits no balanço de pagamentos (exceto 1961), alcançando uma média de US$190 milhões em 1957/61" (SOCHACZEWSKI, *op. cit.*, p. 103). Conforme os dados do IBGE (ver Tabelas, Tabela I) este último valor teria sido um pouco menor, US$ 176 milhões, conforme nossos cálculos.

[35] "Neste sentido, o Plano de Metas, na verdade, apenas coroava um processo pelo qual o setor privado, desde o início do decênio, vinha progressivamente delegando ao governo poderes e instrumentos para que fizesse frente às tarefas de complementação industrial"(LESSA, *op. cit.*, p. 32).

vez identificados esses setores, foram elaborados estudos das tendências recentes da demanda e da oferta do setor, e projetou-se, por extrapolação, a composição provável da demanda nos próximos anos, na qual também se considerou o impacto do próprio Programa de Metas.

Conforme o Relatório do Grupo Cepal-BNDE de 1955, amplamente utilizado como referência para elaboração do Plano de Metas, considerou-se o conceito de pontos de estrangulamento, ou seja, setores críticos da economia deveriam ser identificados e classificados como prioritários para as ações do governo. Daí terem sido no Brasil os setores de infraestrutura de energia e transporte os que tiveram maior enfoque durante a implementação do programa (*Ibidem*, p. 56). Os investimentos diretos do governo, principalmente nos ramos de siderurgia e refino de petróleo, e os incentivos que concedeu à produção de outros bens intermediários e equipamentos pesados, ambos de alta intensidade de capital, também eram partes importantes das prioridades concatenadas dentro do Plano (LESSA, *op. cit.*, p. 28).

Como já dissemos, uma das premissas do planejamento econômico era a substituição de importações que tinha por objetivo aliviar as dificuldades enfrentadas nas contas externas. Produtos como petróleo, material de transporte e trigo estavam entre os principais itens que oneravam a balança comercial brasileira. Quanto ao petróleo, conforme mencionado acima, investimentos governamentais estariam sendo realizados para ampliar a produção e o refino do produto. No setor de material de transporte, o governo JK daria amplo apoio ao investimento direto externo através da instrumentalização da Instrução SUMOC no. 113. A meta 27, a criação de uma indústria automobilística, foi elaborada exatamente em virtude desses bens representarem um alto valor na pauta de importações da balança comercial (LAFER, *op. cit.*, p. 57-58). Entendemos também que haveria neste ramo uma expectativa quanto aos efeitos de encadeamento sobre o crescimento industrial, tanto em termos de novos investimentos quanto na criação de mais empregos. O trigo, por seu turno, assim como o setor agrícola em geral, não recebeu maiores incentivos por parte da gestão Kubitschek (LESSA, *op. cit.*, p. 27). Acreditamos, porém, que nesse caso específico, isso tenha ocorrido em consequência de o governo federal ter assinado um acordo junto ao governo norte-americano para a compra de excedentes do produto naquele país, recebendo de volta os valores pagos pelas importações em forma de empréstimos do *Ex-Im Bank* ao BNDE. Previa-se, por fim, que outros produtos do setor de bens intermediários e do setor de bens de capital também fossem substituídos e que, a partir dos desdobramentos do Plano de Metas, déficits decrescentes se sucederiam até que o balanço de pagamentos se equilibrasse em 1961 (SOCHACZEWSKI, *op. cit.*, p. 101).

O Plano de Metas, conforme o Conselho de Desenvolvimento Econômico, abarcava cinco áreas principais que teriam uma participação pré-determinada no total de investimentos previstos: energia (42,4%), transporte (28,9%), indústria de base (22,3%), alimentação (3,6%) e educação (2,8%) (*Ibidem*, p. 100). A meta autônoma para a construção de Brasília não estava orçada no Plano (*Ibidem*, p. 99). Havia apenas a ideia de que seria este um ponto de geminação, ou seja, pressupunha-se que o capital investido sobre infraestrutura promoveria novas atividades produtivas (LAFER, *op. cit.*, p. 57) – além de estar em consideração a questão estratégica de efetiva ocupação populacional do oeste brasileiro e de ser a nova capital o ponto geográfico equidistante para a integração nacional.

Com a implantação do Plano, os grandes investimentos em indústria pesada e infraestrutura encetados pelo Estado e aqueles feitos em bens de consumo durável e equipamentos (principalmente material elétrico), em grande parte, realizados pelas multinacionais estrangeiras, acabaram por relegar ao capital industrial nacional, com algumas exceções, uma posição que viria a reboque do processo de industrialização que estava sendo conduzido, limitando-o a setores de bens de consumo geral mais tradicionais (BASTOS, *op. cit.*, p. 514; TAVARES, *op. cit.*, p. 119). Constituiu-se assim o tripé sobre o qual se apoiava o plano de JK, que consistiu, conforme no informa Benevides (*op. cit.*, p. 202), "(...) na congregação da iniciativa privada – acrescida substancialmente de capital e tecnologia estrangeiros – com a intervenção do Estado, como orientador dos investimentos através do planejamento".

A política econômica do Plano de Metas, de acordo com Lessa (*op. cit.*, p. 56), se apoiaria sobre quatro peças básicas: aumento considerável da participação do setor público na formação interna de capital; amplo favorecimento à entrada de capitais estrangeiros; canalização de recursos para áreas prioritárias por meio da expansão do crédito e, consequentemente, dos meios de pagamento; tratamento pouco rigoroso, por seu turno, à questão da estabilidade monetária. Enfim, as metas planejadas seriam financiadas não só pelos fundos provenientes das receitas tributárias, mas também por um aumento relevante no déficit orçamentário e maior incentivo a entrada de capitais internacionais, fosse por meio de empréstimos, fosse por meio de investimentos diretos.

No âmbito doméstico, o recém-criado BNDE (1952), além dos repasses referentes ao imposto de renda, receberia maior aporte de fundos a partir de 1956, como preparação para o Plano de Metas (SOCHACZEWSKI, *op. cit.*, p. 161), e seria uma importante agência de fomento econômico. Forneceria empréstimos ao setor privado, financiamento aos investimentos em infraestrutura e concessão de avais para fundos estrangeiros captados por empresas nacionais (*Ibidem*, p. 161-162). Teria suas reservas complementadas ainda por agências internacionais e pelos já mencionados acordos do trigo de 1955 entre Brasil e Estados Unidos (LEOPOLDI, *op. cit.*, p. 224-225). A expansão do crédito privado seria financiada pelo Tesouro Nacional (SOCHACZEWSKI, *op. cit.*, p. 103), pois foi esta a solução encontrada para manter a liquidez de muitas empresas privadas brasileiras, quando não se associavam ou eram compradas pelos capitais estrangeiros. As firmas do país receberiam ainda outros incentivos não diretamente financeiros, como a proteção cambial, a reforma na tarifa aduaneira e a lei de similares[36] (*Ibidem*, p. 102), de modo a compensar, de alguma forma, a falta de um suporte financeiro comparável ao das empresas multinacionais.

A principal fonte de recursos do governo federal para a consecução do Plano de Metas, contudo, naquilo que lhe correspondia como investimento próprio e naquilo que deveria incentivar – como já dissemos no caso da indústria nacional – foram os empréstimos do Banco do Brasil ao Tesouro. Ou seja, tendo em conta que seria impossível realizar uma reforma fiscal, "dada a necessidade do governo de conciliar demandas e apoio dentro do sistema político vigente" (BENEVIDES, *op. cit.*, p. 235-236), o setor público recorreu crescentemente às emissões inflacionárias. Uma parte desse

---

36 Lei que excluía da pauta de importações produtos que fossem fabricados no Brasil em quantidade suficiente para atendimento nacional (SOCHACZEWSKI, *op. cit.*, p. 102).

volume poderia, no entanto, ser abatida, considerando que o governo "(...) contou com uma fonte adicional de recursos de caráter tributário, advindos do controle do sistema cambial com taxas múltiplas. A diferença entre taxas cambiais de importação e exportação substituiu o ausente imposto de exportação". (LESSA, *op. cit.*, p. 81). Como se vê, o Estado lançou mão de variados expedientes para obter fundos, evitando a incômoda expansão monetária, contudo, toleraria tais desconfortos para não sacrificar as metas de desenvolvimento ou se indispor com as bases de apoio políticas dos setores industriais nacionais e populares, que mais sofreriam com a restrição do crédito e diminuição dos empregos.

O financiamento externo do Plano de Metas se apoiaria amplamente sobre empréstimos externos de longo prazo para projetos públicos de grande porte, como foi o caso da ampliação da CSN, da expansão da Petrobrás, da construção de usinas hidroelétricas, de rodovias, entre outros (LEOPOLDI, *op. cit.*, p. 260). Outra parte fundamental dos recursos estrangeiros se encaminhou ao Brasil por meio do investimento externo direto. Nesse sentido, como já informamos, a instrução SUMOC no. 113 foi elemento decisivo para atrair os capitais europeus e japoneses, que nesse momento se deslocavam para periferia. Esta regulamentação permitia que as empresas estrangeiras sediadas no país importassem equipamentos sem a necessidade de dispor de divisas, desde que as firmas já tivessem os equipamentos ou pudessem comprovar dispor dos recursos para pagá-los no exterior – condições que dificilmente as empresas nacionais poderiam atender (*Ibidem*, p. 244). Isso lhes proporcionava vantagem sobre a indústria nacional e permitia, já que não havia a necessidade de aquisição de divisas, declarar o valor das máquinas e equipamentos muito acima de seu valor de custo, constituindo maior base de cálculo para posterior remessa de lucros e dividendos. Vantagem adicional seria ainda aquela em que, conforme enfatiza Lessa (*op. cit.*, p. 58):

> (...) via aqueles diplomas [Lei 2. 145 de 1954 e Instrução 113 SUMOC] poderia o organismo [Estado] conceder câmbio de custo (taxa cambial favorecida) para a remessa de rendimentos e amortizações das inversões diretas do exterior, até o limite de

10% do capital registrado da empresa no tocante a rendimentos. O registro do capital era realizado à taxa do mercado livre, o que elevava substancialmente a rentabilidade em moeda estrangeira do investimento.

O governo brasileiro, por seu turno, via Instrução 113, atraiu os investimentos estrangeiros sem a necessidade de aquisição de grande volume de cambiais (SOCHACZEWSKI, *op. cit.*, p. 92). Conforme o balanço de pagamentos (Vide Tabelas: Tabela I, ver item 'F'), no quinquênio 56/60, entraram no país, em média, US$113 milhões/ano como investimento externo direto. Valor quase sete vezes maior que a média do quinquênio 51/55 (US$ 16,2 milhões/ano), dadas as precauções quanto ao que se declarava como valor de entrada. Os setores que receberam maior volume de investimentos, a partir da instrução SUMOC 113, foram a indústria automobilística, em primeiro lugar, e os setores de mecânica pesada e material elétrico em segundo, seguidos por química pesada e eletroquímica. Outros setores como o siderúrgico, metais não-ferrosos, cimento, indústria naval, tratores e indústria de base também se beneficiaram do incentivo (LEOPOLDI, *op. cit.*, p. 251)

Empréstimos de regularização, créditos a curto prazo, apelos a operações de *swap* e até a gestão de atrasados comerciais seriam mecanismos dos quais o governo brasileiro ainda lançaria mão para cobertura dos déficits no balanço de pagamentos e manutenção dos investimentos, como veremos a seguir. Os saldos negativos tornaram-se recorrentes durante, praticamente, toda a gestão de Juscelino Kubitschek. Haveria, então, um apelo ao principal parceiro comercial do Brasil e potência hegemônica do mundo capitalista: os Estados Unidos. Além da cooperação direta para empréstimos regulatórios, logo encaminhada ao Fundo Monetário Internacional, o governo brasileiro e de outros países da América Latina, que compartilhavam dos mesmos anseios de desenvolvimento econômico e que viviam os mesmos problemas de dependência em relação a preços decrescentes de seus principais produtos de exportação, tentaram mobilizar aquele país líder para que os ajudasse, assim como fizera aos seus aliados Europa e Japão. Qual foi a resposta desta nação é o que veremos na seção seguinte.

Financiamento Externo e Relações com os Estados Unidos e FMI

Como nos referimos anteriormente, o financiamento para o Plano de Metas não se sustentaria somente com recursos nacionais. Muitos dos investimentos teriam que ser buscados obrigatoriamente em fontes externas, fosse na forma de empréstimos, fosse na de investimentos diretos. Desse modo, o deslocamento do capital produtivo da Europa e do Japão, para os países da periferia, permitiu que o governo brasileiro se aproveitasse desse tipo de recurso, mas seus resultados não solucionariam totalmente as necessidades que tinha o país de cobrir os déficits no balanço de pagamentos, dado ainda que os preços dos produtos de exportação também não apresentavam perspectiva de recuperação – principalmente no caso do café. Considerando que não havia muitas alternativas além desta amplamente explorada pelo país, o governo brasileiro não teria como deixar de se valer de renovados apelos junto àqueles que realmente poderiam abrir os canais para o socorro necessário: os Estados Unidos e o FMI.

Nesta seção, portanto, tomando em consideração os interesses brasileiros, que entendemos consubstanciados no Plano de Metas e nas ações que dele derivaram, procuramos verificar, dentro da fração documental norte-americana que analisamos – tendo em conta as limitações que tal fonte nos impõe –, como foi percebida a abordagem brasileira junto à burocracia dos Estados Unidos e quais foram as respostas dadas ao Brasil nas diferentes situações em termos de posicionamento e ações efetivas. Quanto ao Fundo Monetário Internacional, analisaremos suas ações também por meio da documentação diplomática dos EUA, pois, conforme nosso entendimento, muito do que se decidia dentro deste organismo, na época, estava vinculado a determinações do governo norte-americano.

Antes de se considerar, no entanto, o comportamento norte-americano em relação ao que o governo Kubitschek poderia demandar dos Estados Unidos naquele momento, seria importante salientar que havia dentro da burocracia norte-americana de alto escalão a compreensão, ou pelo menos informações bem elaboradas quanto aos problemas econômicos estruturais vividos pela América Latina e Brasil. A CIA e a Embaixada no Rio de Janeiro, como verificamos na documentação do período, faziam um acompanhamento tanto em relação à economia brasileira quanto em relação a de outros países latino-americanos, buscando situar, na maioria dos casos, as condições monetárias internas, os preços internacionais dos principais produtos de exportação e, consequentemente, o estado em que se encontravam o balanço de pagamentos e as reservas cambiais.[37] Tratava-se de um apanhado contínuo de informações econômicas que poderiam dar suporte à política externa que se almejava, como veremos a seguir. Em meio a tais relatórios, foi emitido pela CIA, por exemplo, com destino à Casa Branca, relatório em que se identificam as razões que fundamentavam a lógica dos estrangulamentos recorrentes no balanço de pagamentos daqueles países, ou seja, a dependência em relação a produtos primários de exportação em um cenário de crescente deterioração dos termos de troca. No documento também se constata a percepção de que tais fatores é que tornavam muito mais difícil o desenvolvimento econômico e industrial que vinha sendo conduzido em alguns daqueles Estados:

> Os principais países da América Latina vêm conseguindo avanços significativos ao desenvolverem suas economias de maneira mais equilibrada, (...). [Todavia] a acumulação de capital necessária para manter uma taxa de desenvolvimento satisfatória não foi atingida, dada a baixa produtividade e as limitadas perspectivas de exportação para os produtos alimentares e matérias primas dos quais os latino-americanos ainda dependem para obter as divisas necessárias. A América Latina, tendo em vista suas aspirações de crescimento econômico e

---

37 *Memorandum for Brig. Gen. A. J. Goodpaster, The White House,* 'Ambassador Brigg's Call on the President', 15 out. 1957, NARA-M1511: 732.00/10-1557. *National Intelligence Estimate Number 93-57, CIA,* 8 jan. 1957. *Telegram From the Chargé in Brazil (Wallner) to the Department of State,* FRUS, 1955-1957, Volume VII, documento n°367, 4 out. 1957. *U.S. Embassy Despatch No. 724, 'Brazil in 1958',* FRUS, 1955-1957, Volume VII, documento n°372, 31 dez. 1957. *Report From the Operations Coordinating Board to the National Security Council,* 'REPORT ON LATIN AMERICA (NSC 5613/1, September 25, 1956)', FRUS, 1958-1960, Volume V, documento n°2, 21 mai. 1958. *Special Report by the Operations Coordinating Board to the National Security,* 'SPECIAL REPORT ON LATIN AMERICA (NSC 5613/1)', FRUS, 1958-1960, Volume V, documento n°7, 26 nov. 1958.

a probabilidade de que seus termos de troca não venham a melhorar substancialmente durante os próximos anos, certamente não poderá suprir, a partir de seus próprios recursos, capitais suficientes para manter uma taxa satisfatória de desenvolvimento econômico. Em geral, a maioria dos países terá grande dificuldade em incrementar o câmbio a partir do investimento internacional. O nível geral de preços para produtos primários na América Latina vem caindo desde 1954, enquanto os preços internacionais dos produtos manufaturados vêm aumentando. O volume de exportações não foi suficiente para compensar a perda no poder de compra e o aumento na demanda por importações ligadas a necessidades maiores de energia, transporte, matérias primas e equipamentos pesados. Mesmo havendo evidente escassez de câmbio, os países da América Latina têm insistido na importação de bens de capital. Isto (...), nos últimos anos, vem resultando em consideráveis déficits comerciais. Estes têm sido cobertos pelas reservas em ouro e de divisas, por créditos comerciais externos, por empréstimos oficiais e por capitais internacionais de investimento. O fluxo bruto de capital estrangeiro recebido mais do que dobrou, todavia o recebimento líquido tem diminuído consideravelmente, dadas as saídas para o pagamento de amortizações oficiais e envio de remessas ligadas aos investimentos privados.[38]

O que os EUA, por sua vez, propunham para o desenvolvimento da América Latina, ao invés de ajuda por meio de transferências de governo a governo ou apoio junto ao FMI, era que os países da região se adaptassem a políticas liberalizantes para que pudessem receber os capitais privados de empresas multinacionais.[39] Deveriam, dessa maneira, criar as condições necessárias para atraí-las, ou seja, promover políticas fiscais e monetárias "sólidas"[40]

---

38 *National Intelligence Estimate Number 90-58, 'Latin America Attitudes Towards the US'*, FRUS, 1958-1960, Volume V, documento n°8, 2 dez. 1958.

39 A função pensada em Bretton Woods para o FMI seria, a princípio, a de prover liquidez aos países em dificuldades cambiais.

40 Termo utilizado pela diplomacia norte-americana que se traduz em políticas econômicas ortodoxas de enxugamento monetário (nesta época, principalmente pelo corte creditício por parte do governo), diminuição dos gastos estatais e aumento de tributos.

(que garantissem a estabilidade dos preços internos e do câmbio para as operações locais de tais firmas estrangeiras – diga-se norte-americanas), resguardar os contratos e os direitos de propriedade estrangeiros, suprimir as regulações sobre a entrada e saída de capitais e diminuir a participação do Estado-empresário, principalmente, nas áreas de interesse privado[41] (RABE, *op. cit.*, p. 65-66, 72). Ficavam implícitas as vantagens fiscais[42] e o controle sobre salários[43] também necessários para persuadir as mencionadas firmas a se instalarem no país. Daí a frase de Eisenhower: "(...) se os latino-americanos

---

[41] "Na América Latina, o Estado tradicionalmente exerce um papel importante na economia e há na região uma difundida preferência pela iniciativa econômica estatal, particularmente contra a iniciativa privada estrangeira. A intervenção do Estado recebeu recentemente um forte impulso a partir da rápida mudança na sociedade que, em muitos casos, quase obrigou o Estado a assumir um papel mais ativo. O capital nacional, tipicamente organizado em bases familiares e limitado em termos de volume, tem sido insuficiente para a tarefa de desenvolver as indústrias de base e explorar os recursos nacionais, enquanto o capital privado estrangeiro é excluído de determinadas áreas, principalmente petróleo, pela oposição nacionalista". *National Intelligence Estimate Number 90-58, 'Latin America Attitudes Towards the US'*. FRUS, 1958-1960, Volume V, documento n°8, 2 dez. 1958.

[42] "Encorajar os países latino-americanos a perceberem o capital privado e as instituições de crédito internacionais como principais fontes de capital externo para o desenvolvimento, negociando sempre que possível níveis adequados de taxação sobre os rendimentos de maneira a reduzir os obstáculos ao comércio internacional e aos investimentos e como forma de dar reconhecimento aos incentivos fiscais oferecidos pelos países latino-americanos.", *National Security Council Report, 'STATEMENT OF U.S. POLICY TOWARD LATIN AMERICA'*, NSC 5902/1, FRUS, 1958-1960, Volume V, documento n°11, 16 fev. 1959.

[43] "Os Estados Unidos, apoiados consideravelmente pelo Fundo Monetário Internacional (FMI), fizeram um esforço substancial para encorajar os governos latino-americanos a enfrentar com mais coragem seus problemas fiscais e no balanço de pagamentos. Contudo, sob a pressão da política interna (especialmente resistindo em manter os salários em níveis baixos para não se opor às aspirações [sociais] por melhores condições de vida), muitos governos latino-americanos têm mostrado timidez para tomar medidas para enfrentar a inflação e incapacidade ou falta de vontade para instituir políticas fiscais e econômicas sólidas." *Special Report by the Operations Coordinating Board to the National Security Council, Annex B, 'MAJOR OPERATING PROBLEMS AND*

querem nosso dinheiro, que sejam então instados a procurar nosso capital privado" (*Ibidem*, p. 65).

A política dos Estados Unidos de livre comércio e de livre circulação de capitais, propugnada, dessa maneira, aos latino-americanos como uma solução que atenderia aos próprios interesses daqueles países (*Ibidem*, p. 65-66), não visava mais do que garantir a segurança e a rentabilidade das empresas estrangeiras e manter limitado o gasto com empréstimos de governo a governo, pois, em verdade, a burocracia de Estado norte-americana tinha conhecimento e informações a respeito dos problemas estruturais que restringiam o desenvolvimento industrial e, consequentemente, econômico dos países da região, ou seja, necessidade abundante de liquidez cambial.

Os países da América Latina que, mesmo assim, buscavam contornar a escassez de moedas conversíveis para o atendimento de suas necessidades financeiras, como já dissemos, não tinham muitas alternativas além dos Estados Unidos. A possibilidade de barganha junto ao seu maior rival, a União Soviética, era vetada aos governos latino-americanos. O item número 28 da Declaração de Política Externa dos Estados Unidos para a América Latina, intitulado, *Sanction Against Close [Communist] Bloc Ties*, determinava:

> Se algum Estado latino-americano estabelecer com o bloco soviético relações de tal natureza material que prejudique nossos interesses, devemos estar preparados para diminuir ou suspender a cooperação econômica e financeira com este país e tomar, quando necessário, outras ações políticas, econômicas ou militares consideradas apropriadas.[44]

Houve, por exemplo, no caso brasileiro, conforme registrado pelo Departamento de Estado norte-americano, oferta financeira por parte da URSS que teria sido intermediada por países do bloco comunista, já que o Brasil não tinha, naquele momento, relações comerciais ou diplomáticas com

---

DIFFICULTIES FACING THE UNITED STATES', FRUS, 1958-1960, Volume V, documento n° 7, 26 Nov. 1958.

44 *STATEMENT OF U.S. POLICY TOWARD LATIN AMERICA, NSC 5902/1*, FRUS, 1958-1960, Volume V, documento n°11, 16 fev. 1959.

os soviéticos. Em novembro de 1957 – ano em que, depois de uma recuperação no balanço de pagamentos em 1956, novo déficit era previsto – poloneses, russos e búlgaros, em abordagem a diplomatas brasileiros lotados junto à missão do Brasil na ONU (Organização das Nações Unidas), teriam manifestado a disposição de seus respectivos países em fornecer, em conjunto, uma ajuda financeira no valor de US$ 1 bilhão em troca do reatamento diplomático do Brasil com a União Soviética.[45] Não se sabe exatamente quais teriam sido os detalhes da oferta, mas Bulganin, Premier da União Soviética naquele período, já havia manifestado publicamente que a URSS estaria disposta a oferecer ajuda financeira a qualquer país da América Latina, conforme noticiado no jornal, O Globo, em janeiro de 1956.[46] Nikita Kruchov, primeiro-ministro, teria dito na rádio Moscou que os soviéticos estariam dispostos a ajudar na industrialização do Brasil (BANDEIRA, *op. cit.*, p. 528). Em 1957, tinham um programa para países subdesenvolvidos no valor de US$ 1,6 bilhão (*Idem*). Em outra ocasião, em janeiro de 1961, os soviéticos teriam ofertado financiamento para a construção da Usina de Urubupungá no Estado de São Paulo. O Cardeal Arcebispo Motta, daquele mesmo Estado, enviou carta[47] ao Consulado Geral norte-americano, solicitando inclusive que estes fizessem contraproposta.[48] Fosse esta ou qualquer outra barganha, a aproximação diplomática com a União Soviética sempre trazia algum tipo de desgaste para o governo Kubitschek, tanto internamente, quanto junto aos Estados Unidos.

No Congresso brasileiro, já havia um debate em relação ao possível reatamento comercial e diplomático com a potência comunista. Constituiu-se

---

45 *Foreign Service Despatch, 'Joint Weeka n° 45',* 8 nov. 1957, NARA-M1511: 732.00(w)/11-857. *U.S. Embassy telegram,* 7 nov. 1957, NARA-M1511: 732.001/11-757.

46 *Foreign Service Dispatch, 'Joint Weeka n° 3',* 20 jan. 1956, NARA-M1511: 732.00(w)/1-2056.

47 Fac-símile do manuscrito consta do arquivo norte-americano. *Foreign Service Dispatch, 'Report of Soviet Offer to Finance Eletric Power Development at Urubupungá, State of São Paulo',* 30 jan. 1961, NARA-C80: 832. 2614/1-3061.

48 *Foreign Service Dispatch, 'Report of Soviet Offer to Finance Eletric Power Development at Urubupungá, State of São Paulo',* 30 jan. 1961, NARA-C80: 832. 2614/1-3061.

inclusive um Bloco Parlamentar, a Ação Democrática Parlamentar, que se manifestava contra qualquer relação entre os dois países (CALDAS, 1995, p. 134), além de vários meios de comunicação e muitos militares formarem oposição ferrenha à iniciativa (BANDEIRA, *op. cit.*, p. 526-527). A vantagem que atraía o governo brasileiro, salienta Bandeira (*Ibidem*, p. 526-527), era que a URSS poderia fornecer empréstimos a juros mais baixos, aceitando as mercadorias tradicionais dos tomadores como pagamento, ou seja, haveria não uma, mas duas vantagens: receber divisas e escoar o excesso de produção de café.

Quanto ao governo dos Estados Unidos, fato registrado tanto na documentação como por Caldas (*op. cit.*, p. 134) e Bandeira (*op. cit.*, p. 520), é o de que o governo brasileiro vinha informando àquele país quanto a tais possibilidades de reatamento, e aguardava desse modo certa anuência, enquanto negociava o restabelecimento, pelo menos, das relações comerciais.[49] Dadas às necessidades que o Brasil manifestava quanto a divisas internacionais e suas possibilidades de exportação, por fim, os EUA não se opuseram, nem apoiaram a retomada das relações de comércio. Contudo, uma ligação do Brasil com os soviéticos que estabelecesse um relacionamento econômico mais profundo, que permitisse algum tipo de barganha, e diminuísse a influência norte-americana sobre a América Latina, de modo algum, seria tolerada pelo governo dos Estados Unidos.

---

[49] "Durante conversa com o presidente Kubitschek, ele salientou entre outras coisas que, dada a difícil situação econômica brasileira, devido principalmente ao grande excedente de café, seu governo está sob grande e crescente pressão para encetar um acordo com o bloco soviético. Disse que a capacidade de seu governo de resistir a essa pressão está na mesma proporção em que os EUA são capazes de ajudar o Brasil a superar a atual crise econômica (...)". *Telegram From the Embassy in Brazil to the Department of State,* FRUS, 1958-1960, Volume V, documento n° 233, 25 fev. 1958. "Informe que se o Brasil acredita que algum excedente pode ser favoravelmente disponibilizado dessa maneira, os EUA compreenderiam o aproveitamento de tal oportunidade. Gostaria de manifestar, contudo, uma palavra de cautela ao prevenir Kubitschek do perigo de se envolver muito profundamente com a URSS". *Telegram From the Department of State (Dulles) to the Embassy in Brazil,* FRUS, 1958-1960, Volume V, documento n° 234, 3 mar. 1958.

Tentando ainda conseguir os financiamentos necessários para o desenvolvimento econômico brasileiro e aproveitando-se, em 1958, do grande tumulto e hostilidade civil que cercaram a visita do então vice-presidente, Richard Nixon, à Venezuela e ao Peru, JK daria início a uma troca de cartas pessoais com o presidente Eisenhower, no sentido de se discutir a necessidade de se melhorar as desgastadas relações entre Estados Unidos e países da América Latina. Em resposta a uma das correspondências que trocou com seu colega, Juscelino Kubitschek faria a proposta, em conjunto com outros países latino-americanos, da Operação Pan-Americana (OPA). Pleiteava-se basicamente maior atenção dos EUA quanto à cooperação econômica junto aos países da região. Quando estivera nos Estados Unidos, em janeiro de 1956, apresentando seus projetos e buscando novos investidores, JK não percebera no governo dos EUA entusiasmo quanto às medidas que tomaria para o desenvolvimento econômico brasileiro (*Ibidem*, p. 515). Os norte-americanos, ao contrário, enfatizaram que seria mais importante para o Brasil o combate ao comunismo, por meio de medidas repressivas e de coordenação entre os órgãos de informação e inteligência dos dois países (*Idem*). Este tipo de abordagem dos EUA, desviando demandas, não havia causado frustração somente ao governo brasileiro, mas também à maioria dos Estados da América Latina. A OPA seria, desse modo, uma forma de fazer com que os EUA dessem maior atenção aos problemas dos governos latino-americanos, utilizando-se do argumento de que o comunismo deve ser combatido por meio da eliminação do subdesenvolvimento econômico. O Brasil, dessa maneira, vinha abandonando a tradicional posição de mediador entre os Estados Unidos e os países da América Latina, para, ao lado destes, requisitar iniciativas verdadeiras no sentido de promover o desenvolvimento econômico latino-americano. O discurso dos governos da região sustentava-se no argumento de que "(...) o desenvolvimento e o fim da miséria seriam as maneiras mais eficazes de se evitar a penetração de ideologias exóticas e antidemocráticas que se apresentavam como soluções para os países atrasados" (CERVO E BUENO, 2002, p. 290).

As propostas da OPA consistiam, primeiro, na receptividade da América Latina em relação aos capitais estrangeiros; segundo, de que os Estados Unidos ajudassem a financiar, em termos de valor e condições de pagamento, um amplo programa de apoio ao desenvolvimento econômico, que permitisse a compra de máquinas e bens de capital, no sentido de melhor equipar tais países em seus respectivos programas de industrialização para que abandonassem sua dependência em relação aos produtos primários de exportação; terceiro, denunciava-se a perversidade do processo de deterioração dos termos de troca entre nações subdesenvolvidas e industrializadas (CALDAS, *op. cit.*, p. 39-40).

Como já dissemos, sem opções de barganha, o Brasil tentava obter de um relutante Estados Unidos os recursos de que necessitava para o Plano de Metas. Buscou, desse modo, pressionar o governo daquele país, aproveitando-se de um descontentamento generalizado – exposto na viagem de Nixon – ao mesmo tempo que se utilizava da própria retórica de luta contra o comunismo tão defendida pelo governo Eisenhower. Os Estados Unidos foram lançados, desta forma, numa posição em que ou ajudavam, ou teriam que manifestar publicamente que não forneceriam recursos, o que, consequentemente, teria repercussão negativa tanto na América Latina, quanto nos demais países periféricos. A relutância em fornecer fundos se explicita no comentário do embaixador norte-americano, O'Briggs, depois de que fora colocado aquele governo sob o constrangimento da iniciativa de Kubitschek: " (…) a noção [de JK] de galinha em cada panela é o mesmo que chamar vários comedores de arroz, feijão e milho quando é óbvio que nós é que especialmente forneceremos as galinhas".[50]

Internamente, o governo dos EUA estava contrariado, articulando várias formas para tentar conter a iniciativa.[51] Todavia, estabelecidas as

---

50 *U.S. Embassy telegram, n° 1767,* 21 Jun. 1958, NARA-M1511: 732. 11/6-2158.

51 Informe de que o presidente, JK, quer realizar reunião para discutir subdesenvolvimento e Pan-americanismo. Rubottom salienta que é do interesse dos EUA reter a iniciativa. Carta ARA (Rubottom) para Secretário de Estado (Dulles), '*President Kubitschek's Aide Memoire and Proposed Meeting of Presidents',* 19 jun. 1958, NARA-M1511: 732. 11/6-1958. O secretário de Estado, Dulles, orienta novas medidas para reter a iniciativa de JK de promover reunião de presidentes para discutir subdesenvolvimento na OPA. Memorando Secretário Dulles ao presidente dos EUA, '*President Kubitschek's Proposal to Strengthen Pan-Americanism',* 20 jun. 1958, NARA-M1511: 732. 11/6-2058. Dulles sugere a JK que este deva dar menos importância ao subdesenvolvimento. Carta de Dulles à JK, 7 ago. 1958, NARA-M1511: 732. 11/8-758. Funcionário do Departamento de Estado sugere que os

expectativas latino-americanas e os fóruns de debate sobre a OPA, os Estado Unidos tiveram que ceder em alguma coisa e o resultado mais significativo foi aceitar a antiga proposta de instituição de um organismo de fomento regional, o Banco Interamericano de Desenvolvimento (BID),[52] não se constituindo programas mais extensos, sequer próximos do BID em termos de valor, e não havendo necessariamente, por parte daquele governo, uma ajuda direta e imediata ao Brasil, vinculada à OPA, como veremos a seguir.[53]

Nas suas relações diretas com os Estados Unidos, o governo brasileiro, pela dimensão de seu programa de investimentos planejado e pelos problemas que enfrentava no balanço de pagamentos – já o dissemos –, não tinha como deixar de solicitar socorro financeiro direto àquele país. Os EUA eram a alternativa natural entre as poucas que já haviam sido exploradas, considerando ainda as limitações políticas que o contexto de Guerra Fria impunha às relações internacionais do Brasil, como também já procuramos salientar.

EUA devam tentar conduzir a OPA conforme seus próprios interesses, levando a iniciativa para a burocracia da OEA (Organização dos Estados Americanos). Recomenda cuidado, pois JK pediu suporte de outros países e uma repercussão negativa traria problemas aos EUA. *Office Memorandum, United States Government*, 12 ago. 1958, NARA-M1511: 732. 11/8-1258. "Problema: O Brasil está tentando através da Operação Pan Americana obter a garantia de continuidade de assistência financeira em grande escala por parte do governo dos Estados Unidos para um programa geral de desenvolvimento econômico na América Latina. O programa deve definir uma série de metas e níveis de suporte, e dos Estados Unidos seria esperado subscrever a realização de tais níveis de apoio. Os Estados Unidos não podem aceitar as propostas brasileiras [da OPA], o problema é resolver a questão de forma construtiva, provocando a menor discórdia possível". No final do documento, propõe-se uma declaração conjunta sem qualquer compromisso. *Memorandum From the Assistant Secretary of State for Economic Affairs (Mann) to the Under Secretary of State for Economic Affairs (Dillon), 'Brazil and Operation Pan-America'*, FRUS, 1958-1960, Volume V, documento n°261, 26 jan. 1959.

52 Instituído por 20 países com capital inicial de US$ 1 bilhão.

53 Conforme a Embaixada norte-americana, a OPA requer um programa de financiamento que os EUA não irão fornecer. *Foreign Service Dispatch, 'Webb Subcommittee Visit'*, 26 fev. 1959, NARA-M1511: 732. 5-MSP/2-2659.

Antes mesmo que os funcionários da gestão Kubitschek fizessem um pedido formal de empréstimo compensatório, o governo Eisenhower já havia definido que não estaria disposto a atender prontamente os pedidos de socorro brasileiros, sem que estes tomassem primeiramente as medidas econômicas consideradas "adequadas". Isso já fazia parte da política externa daquela administração, como enfatizamos anteriormente, todavia, documentos realçam o caso brasileiro. Como mostrado no capítulo 2, o Tesouro e o Departamento de Estado norte-americanos elaboraram para o presidente Eisenhower um memorando com alguns *papers* em que há diversas recomendações econômicas que deveriam ser feitas pelo mandatário norte-americano a JK, durante a visita deste aos EUA como presidente eleito em 1956. Entre outras considerações, o documento especificava as medidas que já conhecemos: controles monetários e fiscais restritivos e a eliminação do câmbio múltiplo. Não seria esquecida, é claro, a recomendação de se acabar com o monopólio do petróleo, justificando tal instituto como oneroso para o balanço de pagamentos.[54]

No início do governo Kubitschek, não houve pedidos de resgate internacional para o Brasil. As previsões para o setor externo eram de superávit, como se verificou posteriormente (vide Tabelas: Tabela I, ver item 'I'), dado que os preços do café haviam se recuperado naquele ano. Em julho, numa reunião do *National Advisory Council (NAC)* – órgão do Executivo norte-americano que congregava representantes dos vários departamentos pertencentes àquele poder[55] –, determinou-se que o *Ex-Im Bank* não deveria aceitar um pedido de prorrogação para o pagamento do empréstimo de US$300 milhões que o Brasil

---

54 *Office Memorandum, United States Government, 'Drafts of Position Paper for Kubitschek' Visit*, 19 Dez. 1955, NARA-M1511: 732. 11/12-2055. De acordo com entrevista de Kubitschek cedida à Moniz Bandeira (*op. cit.*, p. 514), Eisenhower teria aconselhado ao presidente eleito a entregar a exploração de petróleo a pequenas empresas petroleiras norte-americanas.

55 De acordo com a Administração Nacional de Arquivos e Registros dos Estados Unidos (*National Archives and Records Administration* ou NARA): "O Conselho Consultivo Nacional sobre Problemas Monetários e Financeiros Internacionais (*National Advisory Council on International Monetary and Financial Problems*) foi instituído pelo Acordo de Bretton Woods em 31 de julho de 1945. Foi abolido em 1965 e substituído pelo

havia contraído em 1953. Consideraram a situação financeira do país favorável pelas linhas de crédito abertas e pela entrada de dólares que se registrava, sendo, portanto, aquele o momento mais apropriado para que o governo brasileiro continuasse com as devoluções do principal e dos juros.[56] Além disso, ante as perspectivas promissoras, naquele mesmo mês, o *Ex-Im Bank* concedeu empréstimos num montante de US$ 151 milhões, para projetos que, de acordo com Campos (2001, p. 307-308), faziam parte dos estudos da extinta CMBEU.

No ano de 1957, contudo, há uma reversão nas expectativas. A queda no preço do café – e, consequentemente, no valor total de suas exportações (vide Tabelas: Tabela III) – afetou o balanço de pagamentos, ao mesmo tempo em que houve um incremento no total geral de importações. As remessas de lucro (vide Tabelas: Tabela I, ver item 'B', subitem 'Lucros e dividendos') não apresentaram oficialmente o mesmo patamar do último governo Vargas (o dobro, na média, se comparado com 1957). Devemos levar em conta que muitos investimentos estrangeiros estavam ainda no início e que, depois da ameaça de controle do governo Vargas, os valores poderiam estar saindo do país de outras formas, como por sub ou sobre faturamento de mercadorias ao exterior

---

Conselho Consultivo Nacional sobre Política Monetária e Financeira (NAC). O NAC coordena as políticas financeiras e monetárias estrangeiras dos Estados Unidos".

56 "O Sr. Arey [Arey, Hawthorne, Diretor do *Ex-Im Bank*] (…) relatou a história dos últimos créditos do *Ex-Im Bank* ao Brasil de US$ 300 milhões em fevereiro 1953 e o de US$ 75 milhões em fevereiro 1955. Ressaltou que mais de US$ 75 milhões referentes ao primeiro empréstimo já haviam sido pagos, e que apenas US$ 45 milhões dos outros US$ 75 milhões tinham sido sacados. Segundo ele, os brasileiros queriam devolver ao Banco o saldo do crédito de US$ 300 milhões ao longo de um período de 20 anos. O Banco considerou que refinanciar só adiaria pagamentos para o mesmo período em que os brasileiros teriam que fazer outros pagamentos referentes a créditos de longo prazo recebidos em seu programa de desenvolvimento. Além disso, o Brasil estava agora numa posição favorável, com US$ 90 milhões em linhas de crédito junto a bancos comerciais (…), além de terem superávits em dólares em torno de 72 milhões por mês, contra 47 milhões dólares no ano passado". *Minutes of the 246th Meeting of the National Advisory Council on International Monetary and Financial Problems,* Washington, 3 jul. 1956, FRUS, 1955-1957, Volume VII, documento n°332.

(BANDEIRA, *op. cit.*, p. 549). O que se apresenta mais visível, todavia, é o aumento no volume de juros e amortizações remitidos ao exterior. Durante o governo Vargas e o interregno Café Filho (vide Tabelas: Tabela I, ver itens 'B' e 'F'), as amortizações correspondiam em média a US$ 76 milhões, enquanto os juros a US$ 32 milhões. No período JK, as médias correspondem a US$ 309 milhões e US$ 80 milhões, respectivamente. Somando os dois gastos, do quinquênio 1951-1955 para o 1956-1960, verifica-se que houve, em média, um aumento de 260% nestes pagamentos a partir da administração JK. Ou seja, a diferença acrescentada pelos juros e amortizações representou um pouco mais do que o próprio déficit no balanço de pagamentos. A partir de 1957, portanto, não havendo rendas de exportação, já se buscavam novos empréstimos para se pagar os anteriores.[57]

Em junho de 1958, como manifestou Roberto Campos (*op. cit.*, p. 339), as condições econômicas haviam se deteriorado. A inflação que para este autor estava em rápida aceleração, nos termos em que foi estabelecido o Plano de Metas, era, de certa forma, esperada (LESSA, *op. cit.*, p. 56). A

---

57 Os analistas da Embaixada norte-americana, em 1957, já percebiam os problemas brasileiros e os enumeravam: "(...) 1. O Brasil enfrentará sérias dificuldades econômicas nos próximos 2 ou 3 anos: a) A perspectiva para o saldo do balanço de pagamentos é crítica, com um déficit provável para 1957 de até US$ 250 milhões com agravamento no período seguinte. i) Não estão previstas melhorias significativas para as exportações. ii) Como a maioria dos artigos de luxo já foram eliminados das importações, comprimir estas ainda mais é quase impossível, exceto em detrimento dos itens voltados para o desenvolvimento econômico. b) Internamente, a inflação continua, embora a um ritmo mais lento no primeiro semestre de 1957 do que em 1956. c) Os efeitos combinados dos problemas de pagamento externo e da inflação exacerbam os desequilíbrios no crescimento econômico do Brasil. 2. Financiamentos do exterior serão necessários, tais como: a) Linhas de crédito *standby* públicas e privadas. b) Socorro, quando necessário, do *Ex-Im Bank* e de outras fontes existentes. c) Ajuda do FMI. d) Novos créditos públicos (*Ex-Im Bank* e BIRD) para continuar o desenvolvimento econômico básico. e) Fluxo contínuo de investimento privado dos EUA e da Europa, encorajados pela confiança do Governo dos EUA no Brasil.", *Telegram From the Chargé in Brazil (Wallner) to the Department of State*, FRUS, 1955-1957, Volume VII, documento n°367, 4 out. 1957.

dimensão que tomara a piora dos preços do café, entretanto, não era a que se previa (SOCHACZEWSKI, *op. cit.*, p. 103). De acordo com Campos (*op. cit.*, p. 339-340), em meio a tais problemas, o Ministro da Fazenda, José Maria Alkmin, havia encetado as negociações com o FMI em maio de 1958. Consideramos, todavia, que antes, em março, o ministro já havia entrado em contato diretamente com o governo norte-americano para solicitar ajuda financeira, pois, em telegrama para a Embaixada norte-americana, o Secretário de Estado, Dulles, manifestou que os EUA não iriam resgatar o déficit brasileiro, encaminhando o país a estabelecer negociações com o FMI:

> O Departamento acredita que os brasileiros devem abandonar a ideia de resgate [por parte dos EUA] (...) e que se realmente temem as implicações políticas de um penhor em ouro, devem então ser forçados a negociar seriamente com o FMI como única alternativa. (...) seria contrário à política estabelecida pelos EUA e constituiria um precedente inaceitável uma ajuda financeira sem um programa completo, desenhado para restaurar o equilíbrio das contas externas e satisfatório para o FMI. (...) os economistas brasileiros entendem a natureza do problema e podem, em poucos dias, traçar um programa geral a ser discutido com o FMI, visando rapidamente um acordo em que o Brasil se disponha a tomar decisões quanto às políticas orçamentária, creditícia e cambial. Se o Brasil estiver disposto a tomar as ações necessárias, rapidamente será possível fazer os arranjos adequados junto ao FMI.[38]

Como se pode verificar, o programa que seria requisitado ao Brasil pelo FMI já tinha seus termos determinados pelo Departamento de Estado norte-americano. Veremos ainda que, à medida que as negociações avançaram, a subalternidade daquele organismo internacional aos Estados Unidos mostrou-se cada vez mais transparente. No Plano Regional de Operação para a América Latina, por exemplo, proposto ao *Operations Coordinating Board (OCB)*, órgão criado na gestão Eisenhower para promover ações integradas no que se referia à segurança nacional, há a consideração de que, no âmbito

---

58 *Telegram From the Department of State to the Embassy in Brazil*, FRUS, 1958-1960, Volume V, documento n°239, 29 mar. 1958.

econômico, o governo norte-americano devesse apoiar o FMI, junto aos países latino-americanos, em suas solicitações relativas às políticas consideradas "sólidas" para o desenvolvimento daqueles.[59] Nesse sentido, orienta ainda que os EUA devam:

> Encorajar o FMI e o BIRD [Banco Internacional para Reconstrução e Desenvolvimento ou Banco Mundial] a solicitar as reformas financeiras e econômicas desejáveis, buscando, na medida do possível, fazer com que tais organizações tomem para si a maior parte da responsabilidade por recomendar e negociar com os governos latino-americanos os programas financeiros e econômicos *condizentes com os objetivos dos EUA* (grifos meus).[60]

Além do FMI ter, dessa maneira – assim como outras organizações, o BIRD e o BID –, suas ações vinculadas aos interesses dos EUA, a prestação de contas quanto às operações daquele organismo, na América Latina, também eram feitas pelo *OCB* ao *National Security Council (NSC)*.[61] Nas negociações entre o Brasil e o FMI, especificamente, podemos verificar como este procedia em função do governo dos EUA. Num questionário da burocracia de Estado norte-americana junto a Embaixada no Rio de Janeiro sobre as relações Brasil, Estados Unidos e agências internacionais, funcionários norte-americanos lotados no Brasil responderam: "De fato, o FMI, em passado recente, tem sido, com efeito, usado para atender aos objetivos dos EUA através de medidas

---

59 Criado em 1953, conforme a Ordem Executiva n° 10483 de 2 de setembro que estabelecia que: "SEÇÃO 1. (A) A fim de promover a implementação integrada de políticas de segurança nacional pelas diversas agências, institui-se o Conselho de Coordenação de Operações, a seguir designado por Conselho, que deverá responder ao Conselho de Segurança Nacional."

60 *Regional Operations Plan for Latin America Prepared for the Operations Coordinating Board, 'B. Operational Guidance'*, FRUS, 1958-1960, Volume V, document n°12, 1 jul. 1959.

61 "Empréstimos adicionais foram autorizados desde 30 de setembro de 1958 totalizando (…) US$ 86 milhões do BIRD e US$ 1,3 milhões do FMI", *Special Report by the Operations Coordinating Board to the National Security Council*, SPECIAL REPORT ON LATIN AMERICA (NSC 5613/1), *'Financial Assistance'*, FRUS, 1958-1960, Volume V, documento n° 7, 26 Nov. 1958.

que, se adotadas em primeira instância pelos EUA, provavelmente trariam considerável volume de críticas aos EUA no Brasil".[62]

Quanto ao fato de os norte-americanos direcionarem os pedidos de ajuda do governo brasileiro para o FMI, como também foi para o caso de outros países latino-americanos – vide a Argentina –, acreditamos que, além de resguardarem seus interesses com as medidas de austeridade que aquela organização imporia, estariam transferindo as demandas por socorro financeiro para uma entidade multilateral técnica e "imparcial", diminuindo, dessa forma, as pressões políticas externas sobre o gasto norte-americano. Ou seja, caso o país demandante não atendesse aos requisitos técnico-econômicos do FMI, não haveria por que buscar ajuda junto aos EUA, livrando este, quando conveniente, do fardo das barganhas políticas e de suas prováveis despesas.

A gestão Eisenhower, como já dito, desde a campanha eleitoral, prometera diminuir as despesas do governo na América Latina. O déficit no balanço de pagamentos dos EUA era, neste período, crescente, dados os investimentos militares e aqueles feitos na Europa e Ásia do Leste, tencionando, dessa forma, a administração a reduzir a ajuda ao exterior. O Congresso daquele país, por sua vez, vinha limitando o poder financeiro do Executivo na região. Em maio de 1958, o OCB informa, em relatório ao NAC, que mesmo os programas de assistência técnica aos latino-americanos tiveram seus orçamentos limitados a não mais do que os gastos realizados no ano anterior, restringindo o planejamento de longo prazo e a flexibilidade no uso dos recursos.[63]

---

62 *Foreign Service Dispatch*, 'Webb Subcommittee Visit', 26 Fev. 1959, NARA-M1511: 732. 5-MSP/2-2659.

63 "Durante os primeiros dez anos de existência do Instituto de Assuntos Interamericanos (1942-1952), ano após ano, foi possível transferir fundos para o programa latino-americano de Cooperação Técnica, assim como ajustar as alocações entre países e projetos durante a execução do programa. (…) Atualmente, o montante dos fundos disponibilizados para o programa latino-americano é reduzido a um total equivalente ao do ano anterior. Nestas condições, dada a impossibilidade de se obter autorização prévia do Congresso para uma alocação além daquela base, a região é privada da flexibilidade anterior tanto no que diz respeito a um planejamento de longo prazo junto aos governos anfitriões quanto na utilização dos fundos.", *Report From the Operations*

De acordo com Campos (*op. cit.*, p. 307), na primeira fase do governo Eisenhower, essa preocupação com o orçamento mobilizava o Congresso norte-americano, chegando este a ameaçar até à própria existência do *Ex-Im Bank* em algumas audiências daquela casa. Verificamos ainda que foi recorrente a preocupação manifestada pelas autoridades do Executivo quanto aos possíveis questionamentos e reprovações que poderiam ocorrer no Legislativo, ao terem aventado a possibilidade de fazer empréstimos para cobrir o balanço de pagamentos ou resgatar dívidas nos países da América Latina.[64] Alguns funcionários do governo norte-americano consideravam ainda que, depois de que um acordo fosse fechado entre o FMI e o país demandante, haveria uma posterior negociação para a concessão de ajuda financeira por parte dos EUA.

Coordinating Board to the National Security Council, 'Congressional Appropriations Limitations', FRUS, 1958-1960, Volume V, documento n°2, 21 mai. 1958.

64 A respeito de pedido de US$ 150 milhões pelo governo do Brasil ao *Ex-Im Bank* (incluso atrasados a Bancos Comerciais), o Secretário de Estado, Dulles, comenta: "O Congresso em inúmeras ocasiões criticou o *Ex-Im Bank* por concessões de crédito para 'socorrer' bancos comerciais.", *Telegram From the Department of State (Dulles) to the Embassy in Brazil*, FRUS, 1958-1960, Volume V, documento n° 251, 1 ago. 1958. Conforme o diretor do *Ex-Im Bank*: "Seria infinitamente melhor se o Brasil pudesse pagar o empréstimo imediatamente. Ressaltou que, numa audiência recente, o Congresso tinha a intenção de registrar que não apreciava empréstimos para socorro do balanço de pagamentos", *Minutes of the 246th Meeting of the National Advisory Council on International Monetary and Financial Problems, Washington, 3 Jul. 1956,* FRUS, 1955-1957, Volume VII, documento n° 332. Conforme telegrama do Departamento de Estado à Embaixada norte-americana: "Não devemos divulgar em Washington a magnitude ou a forma de um possível empréstimo de assistência, se necessário. Tanto o montante que o Brasil precisar, quanto a forma e a extensão do apoio dos EUA vão depender da adequação do programa que o Brasil preparar para adoção. É possível que seja necessário buscar aprovação prévia formal ou informal do Congresso. Isso não seria para fins de procrastinar. Não estamos agora em posição de ir formalmente ao Congresso, porque na ausência de um programa brasileiro sólido somos incapazes de fornecer uma ajuda que realmente possa assegurar uma solução duradoura para os problemas do Brasil. Uma consulta ao Congresso envolveria, naturalmente, o risco de vazamentos." *Telegram From the Department of State to the Embassy in Brazil*, FRUS, 1958-1960, Volume V, documento n° 239, 29 mar. 1958.

Ou seja, depois de assumidos os compromissos junto à organização internacional, os valores requisitados poderiam ser ainda diminuídos. Em pelo menos duas ocasiões, conjecturou-se que as tratativas que o Brasil havia iniciado em 1958, após passagem pelo FMI, poderiam seguir por este caminho.[65]

Em suma, havia, naquele momento, por parte do governo dos Estados Unidos, a ideia de se fazer um contingenciamento dos gastos na América Latina, independentemente do que pleiteavam os países da região com a OPA, por exemplo. O Estado norte-americano vinha, dessa maneira, limitando recursos e, com uma pressão adicional por parte do Congresso, movimentando-se para conter as demandas dos países da América Latina. Procrastinavam os pedidos dentro do FMI e, sempre que possível, diminuíam o volume desejado, tentando evitar, por outro lado, um desgaste político, usando aquela organização sob o manto do anonimato multilateral.[66] Daí a motivação

---

[65] "No mesmo dia, o representante do Tesouro, May, disse ao Ministro das Finanças, Lopes, com ênfase: 'O acordo entre o Brasil e o Fundo é pré-condição para qualquer possível discussão posterior junto ao governo dos EUA, mas não há nenhum compromisso por parte do governo dos EUA em dar assistência para o balanço de pagamentos, mesmo que o Brasil chegue a um entendimento com o FMI'". *Memorandum From the Director of the Office of International Financial and Development Affairs (Adair) to the Assistant Secretary of State for Economic Affairs (Mann), 'Brazil's Balance of Payments Problem'*, FRUS, 1958-1960, Volume V, documento nº 264, 10 Fev. 1959. "Meu segundo ponto relaciona-se com a ideia de seu terceiro parágrafo de que a garantia de um acordo com o FMI não se torne a base para uma discussão sobre dinheiro novo: Ninguém aqui tem incentivado os brasileiros nessa crença, assim como ninguém os tem desencorajado – incluindo Tom Mann; o que temos feito é continuamente deixar claro para os brasileiros que não iremos ajudar no balanço de pagamentos, a menos que cheguem a um acordo com o FMI", *Letter From the Chargé in Brazil (Wallner) to the Director of the Office of East Coast Affairs (Boonstra)*, FRUS, 1958-1960, Volume V, documento nº 273, 10 Jul. 1959.

[66] Termo utilizado por Howard Cottam, Ministro para Assuntos Econômicos da Embaixada, ao descrever como os EUA vinham atuando por trás do FMI. *FOREIGN SERVICE DISPATCH,'Economic Stress in Brazil-United States Relations'*, 10 Out. 1960, NARA-C80: 832.00/10-1060.

que tinha esse governo em encaminhar todos os que requisitassem recursos diretamente para o FMI. Dada a regra, havia, dessa forma, uma constante preocupação em evitar qualquer exceção, pois o precedente colocaria em risco o bom funcionamento desse procedimento.[67] O trecho que segue de um telegrama do Departamento de Estado à Embaixada norte-americana no Rio de Janeiro, sobre as negociações entre Brasil e Estados Unidos que havia apenas começado, ilustra bem tais posicionamentos:

> O envolvimento do governo dos EUA em tais negociações difíceis, resultando na aplicação de duras medidas disciplinares seria altamente imprudente e afetaria as tradicionais e amigáveis relações entre os dois países. No entanto, o Brasil deve perceber que um volumoso resgate pelo governo dos EUA não é possível e você deve desencorajar a antecipação de Alkmim. Expectativas em relação a um socorro semelhante provocariam uma reação em cadeia inevitável em todo o mundo livre. Na reunião de hoje, ficou acordado que o Brasil deve começar discussões com o FMI o mais cedo possível (…).[68]

Como última asserção em relação aos posicionamentos norte-americanos mais recorrentes na relação com os países da América Latina e Brasil, vale salientar que os EUA, apesar de trabalharem no sentido de limitar a ajuda

---

67 "Nos mantivemos firmes com a Argentina, Turquia e outros países, e o caso brasileiro está sendo observado por outros países". *Memorandum From the Director of the Office of International Financial and Development Affairs (Adair) to the Assistant Secretary of State for Economic Affairs (Mann)*. FRUS, 1958-1960, Volume V, documento n°264, 10 Fev. 1959. "Ceder nesta frente [FMI] resultaria em uma avalanche de pedidos de empréstimo para cobertura de balanços de pagamentos que desviariam os limitados recursos públicos direcionados para o desenvolvimento econômico". *Telegram From the Embassy in Brazil to the Department of State*, FRUS, 1958-1960, Volume V, documento n°268, 11 Mai. 1959. Em telegrama, o Departamento de Estado considerou que não há como auxiliar o Brasil fora do FMI. Países que entraram anteriormente nas exigências estão acompanhando a situação e podem protestar. Carta ARA (Rubottom) para a Embaixada (Wallner), 26 Jun. 1959, NARA-M1511: 732. 11/6-2659.

68 *U.S. Department of State telegram,* n° 1048, FRUS, 1958-1960, Volume V, documento n° 232, 15 Fev. 1958.

financeira aos governos da região, não desejavam admitir abertamente tais restrições. Propunham, por sua vez, que estes governos buscassem investimentos junto aos capitais privados internacionais; limitavam o socorro por meio do FMI e; passados tais obstáculos, que em muito reduziam o tamanho dos pedidos, manifestavam-se estarem prontos para ajudar. O relatório especial do OCB ao NAC de novembro de 1958, no item que menciona os mal-entendidos entre os Estados Unidos e os países da América Latina, nos auxilia neste ponto:

> Que os Estados Unidos dispõem de recursos ilimitados é também um conceito insistentemente sustentado na região, levando os latino-americanos a concluir que a "falha" dos Estados Unidos em resolver os seus problemas de desenvolvimento econômico e social é resultado de indiferença ou malevolência norte-americana. Embora alguns latino-americanos mais esclarecidos tenham a compreensão intelectual dos fardos impostos sobre os recursos dos Estados Unidos para a defesa e a ajuda internacional, muitos são incapazes de compreender que os Estados Unidos não podem, mesmo que quisessem, devotar um esforço à América Latina do escopo do Plano Marshall na Europa ou dos nossos programas de ajuda à Ásia nos últimos anos. Ao mesmo tempo, não é do interesse dos Estados Unidos admitir limitações econômicas de maneira a dar a impressão de que os Estados Unidos são menos capazes ou dispostos a ajudar em seus problemas do que, por exemplo, a União Soviética.[69]

Enfatizamos que esta não é uma discussão sobre se os EUA detinham ou não recursos disponíveis. O que estamos tentando afirmar é que havia, pois, uma mobilização para contê-los na referida região. Se houvesse alguma necessidade justificável, o poder financeiro do governo norte-americano poderia ser rapidamente arregimentado, estando à disposição para qualquer barganha eventual. No final de 1960, em despacho da Embaixada para o Departamento

---

69 *Special Report by the Operations Coordinating Board to the National Security Council*, Annex B, 'MAJOR OPERATING PROBLEMS AND DIFFICULTIES FACING THE UNITED STATES', Item 17, 'Misunderstandings of the United States', FRUS, 1958-1960, Volume V, documento n°7, 26 Nov. 1958.

de Estado, Howard Cottam, comenta: "Mesmo que apoiemos totalmente o FMI nas políticas de estabilização, não podemos abdicar de nossa liberdade de negociação bilateral com o Brasil".[70]

Tendo em conta esta tentativa de melhor especificar o contexto, retomamos, então, a demanda do Brasil junto aos Estados Unidos, encaminhada ao FMI, a partir de 1958. De acordo com Campos (*op. cit.*, p. 339-340), o então ministro Alkmin teria assinado em maio uma carta de intenções junto àquele organismo em que, mediante condições draconianas, o país poderia sacar US$ 37 milhões. Campos (*Idem*) salienta que este valor alavancaria US$ 100 milhões do *Ex-Im Bank* e US$ 58 milhões de bancos privados norte-americanos.[71] Bandeira (*op. cit.*, p. 520), por sua vez, menciona que o Brasil teria retirado US$ 37,5 milhões de uma quota de US$ 150 milhões. Constatamos que o Brasil recebeu o valor US$ 37 milhões do FMI, em 1958, conforme os registros do balanço de pagamentos do IBGE (Vide Tabelas: Tabela I, ver item 'J', subitem 'FMI') e do Banco Central do Brasil.[72] Quanto ao que se negociou no período, o Secretário de Estado norte-americano, John F. Dulles, informa em telegrama para a Embaixada, de agosto de 1958, que o Brasil pleiteara US$ 200 milhões, considerando que seria este o valor necessário para cobrir o déficit esperado naquele ano, pedindo US$ 150 milhões ao *Ex-Im Bank* e o restante a bancos comerciais de Nova Iorque.[73] De acordo, com o próprio secretário, Dulles, foram apro-

---

70 Tradução do autor. No original: "While we should support IMF in fully inducing stabilization, we should not abdicate our bilateral negotiation freedom with Brazil". *FOREIGN SERVICE DISPATCH,* 'Economic Stress in Brazil-United States Relations', 10 Out. 1960, NARA-C80: 832.00/10-1060.

71 O autor não explica o que quer dizer com o termo, alavancar. Não entendemos que tal empréstimo (US$ 37 milhões) viesse a disponibilizar imediatamente os US$ 158 milhões mencionados.

72 Vide sítio do Banco Central do Brasil na internet: www.bacen.gov.br.

73 "Conforme discussões com o FMI, os brasileiros informaram um déficit para 1958 em dólares e em moedas ACL [Ativo de Conversibilidade Limitada] de aproximadamente US$ 320 milhões, mas confirmaram que o déficit de caixa em ambas as moedas entre agora e o fim do ano será igual a US$ 200 milhões. Foi explicado que isso incluía US$

vados, em reunião do NAC, US$ 100 milhões por parte do *Ex-Im Bank* e US$ 50 milhões por parte dos bancos privados. Os US$ 37 milhões de 1958, portanto, devem referir-se tão só à carta de intenções assinada por Alkmin. Não sabemos se este valor seria descontado, ou não, daqueles outros valores informados por Dulles. O fato é que, em 1958, o país recebeu somente US$ 37 milhões desde que as negociações haviam começado. Em junho, Lucas Lopes substituiu José Maria Alkmin no Ministério da Fazenda e preparou, entre julho e setembro, o Plano de Estabilização Monetária (PEM), de forma a atender ao que requeria o FMI. Planejava-se aplicá-lo totalmente em 1959 (CAMPOS, *op. cit.*, p. 344).

Antes de sua implementação, contudo, Lucas Lopes tomaria algumas ações que preparariam o terreno para as futuras medidas que se previam para o plano:

> (...) restringiu o crédito, concedeu bonificação aos exportadores, reduziu subsídios às importações de trigo e de petróleo e anunciou [o] programa de estabilização monetária, para o ano de 1959, recomendando que a revisão do salário mínimo se limitasse a recompor o poder de compra dos trabalhadores, somente e na proporção do aumento do custo de vida, a partir de 1956 (...) (BANDEIRA, *op. cit.*, p. 540).

Ante tais restrições e com o programa de estabilização em vista, o FMI vinha se manifestando de acordo com as reformas fiscal e monetária, mas mantinha-se irredutível quanto à necessidade do país de fazer uma reforma cambial que

---

150 milhões em moeda conversível e US$ 50 milhões em moeda ACL. Os brasileiros, em seguida, manifestaram a necessidade de receber um crédito total de US$ 150 milhões do *Ex-Im Bank*, a fim de obter créditos adicionais de bancos comerciais para satisfazer o déficit em moeda ACL. (...) O Banco se ofereceu para emprestar US$ 100 milhões para pagamento em oito anos, sem o pagamento de principal durante os três primeiros anos, podendo providenciar os arranjos junto aos bancos comerciais para a obtenção dos US$ 50 milhões. (...) o Conselho Consultivo Nacional [NAC], hoje, apoiou a posição do *Ex-Im Bank* e aprovou sua consideração para o crédito de US$ 100 milhões a serem complementados por outros créditos, totalizando os US$ 50 milhões dos bancos comerciais". *Telegram From the Department of State (Dulles) to the Embassy in Brazil*, FRUS, 1958-1960, Volume V, documento n°251, 1 Ago. 1958.

eliminasse o sistema múltiplo.[74] Não sabemos se houve dogmatismo econômico ortodoxo por parte daquele organismo, conforme alegado por Roberto Campos (*op. cit.*, p. 356) ou se havia algum interesse em acabar com o subsídio que recebiam, por exemplo, o petróleo e seus derivados. A questão é que antes mesmo de elaborada a proposta do PEM, esta controvérsia entre o Brasil e o FMI já estava em pauta. Per Jacobson, Diretor Geral do FMI, em maio de 1958, consultou o governo dos Estados Unidos sobre a proposta de estabilização brasileira e recebeu daquele governo – que realizou inclusive uma reunião informal do NAC para discutir o assunto – uma resposta, reprovando o programa, principalmente no que se referia à questão cambial (Vide Anexos: Fac-símile I).[75]

Em 1959, ainda sem qualquer acordo com o FMI, a perspectiva para o resultado no balanço de pagamentos do Brasil era de um déficit ainda maior do que aquele registrado no ano de 1958. O país passaria a requisitar, dessa maneira, aval para um empréstimo de US$ 300 milhões[76] (BANDEIRA, *op. cit.*, p.

---

[74] Memorando interno do Departamento de Estado informa que as reformas fiscal e monetária já foram acordadas, mas que há problemas com a reforma cambial. A Embaixada tinha dúvidas quanto à capacidade do governo brasileiro de suportar medidas tão austeras sem uma ajuda realmente substancial por parte dos EUA. *Office Memorandum United States Government, Status Report Brazil, 'Financial Assistance to Brazil: Negotiations with the IMF*, 14 mai. 1958, NARA-MR1511: 732. 5621/5-1458.

[75] *Office Memorandum United States Government, Status Report Brazil, Addendum, 'Brazil-IMF Talks'*, 14 mai. 1958, NARA-MR1511: 732. 5621/5-1458.

[76] "Em meu memorando de 2 de fevereiro, eu relatei que o Brasil estava pensando em enviar uma missão a Washington dentro de duas semanas para negociar com o FMI e o *Ex-Im Bank* uma ajuda para cobrir o déficit no balanço de pagamentos de 1959, estimado em torno de US$ 300 milhões. (...) O FMI acredita firmemente que o Brasil deve modificar seu irrealista sistema cambial: ainda que Kubitschek tenha dito que não pode fazer muito neste quesito, pois acredita ele que uma desvalorização seria politicamente difícil. Estamos de acordo com o FMI, pois a menos que Brasil modifique seu sistema cambial não haverá muita esperança de que o país seja capaz de equilibrar suas contas internacionais e, assim, deixe de vir aos EUA todo ano para pedir ajuda para o balanço de pagamentos. Em última análise, o quanto o FMI conseguirá avançar neste ponto vital do programa de estabilização ainda está para ser visto. (...) Qualquer mal-entendido que o presidente Kubitschek tenha a respeito

540). O FMI, com apoio reiterado pelos Estados Unidos, insistia, todavia, nas mudanças cambiais.⁷⁷ O governo Kubitschek, por sua vez, não suportaria, além das medidas contracionistas, uma reforma cambial que aumentasse ainda mais o custo de vida. A implementação total do PEM, conforme Benevides (*op. cit.*, p. 221), já causaria grande impacto nas bases de apoio de JK, pois:

> As consequências mais concretas dessas medidas seriam altamente desfavoráveis a todos os grupos representados pelos partidos: restrição do crédito em geral, vital para a indústria tradicional (dificultaria todas as transações comerciais também e restringiria o ritmo de expansão); alta do custo de vida, como um plano anti-inflacionário, o que afetaria diretamente as massas representadas pelo PTB e outros partidos de "esquerda" (...)

A oposição, principalmente por parte da UDN, e alguns órgãos de imprensa já haviam iniciado um ataque às ações do governo e a conturbação social vinha se tornando crescente (BANDEIRA, *op. cit.*, p. 541).

Em maio, Juscelino Kubitschek apelou diretamente ao governo norte-americano, manifestando a necessidade de ajuda externa sem que fosse preciso realizar uma reforma cambial. Em reunião com JK, o Secretário Assistente do Departamento de Estado, Thomas Mann, alegou ante a solicitação do presidente que o FMI era uma entidade independente, sobre a qual os norte-americanos não teriam controle. Considerou, por sua vez, que os empréstimos só seriam feitos, desde que passassem pelo FMI.⁷⁸ Como explicamos,

---

da importância da reforma cambial deve ser eliminado.", *Memorandum From the Director of the Office of International Financial and Development Affairs (Adair) to the Assistant Secretary of State for Economic Affairs (Mann), 'Brazil's Balance of Payments Problem'*, FRUS, 1958-1960, Volume V, documento n°264, 10 fev. 1959.

77   Até Roberto Campos, economista americanófilo de vertente liberal, que fora representante diplomático nos EUA e que era a favor da reforma cambial, considerou a posição do FMI excessivamente inflexível e com pouca consideração em relação aos problemas locais (CAMPOS, *op. cit.*, p. 358).

78   "[JK] fez apelo pessoal a fim de evitar os passos finais na reforma cambial que fatalmente aumentaria o preço do pão e do petróleo, provocando, assim, movimentos políticos e sociais que o seu governo seria incapaz de controlar. (...) [Mann] compreendeu os

passar por cima do FMI, poderia abrir precedentes indesejados para o governo norte-americano. Em 9 de junho, Kubitschek avisou ao *Chargé* de Assuntos Econômicos da Embaixada, Wallner, que havia cancelado a missão do Brasil junto ao FMI e que poderia eventualmente pedir a moratória de alguns débitos no exterior, deixando subentendido que não tornaria público o fato do rompimento até que seu interlocutor lhe informasse a posição do governo dos Estados Unidos ante aquele anúncio.[79] Em 12 de junho, o presidente recebeu novamente Wallner, que apresentou a proposta do governo dos EUA em que este postergaria os pagamentos dos empréstimos concedidos ao Brasil, dando-lhe tempo para que retomasse as negociações e chegasse a um acordo junto ao Fundo. JK considerou a medida insuficiente.[80] O rompimento do governo Kubitschek com o FMI tornou-se público, por meio de discurso oficial, em 17 de junho daquele ano.

No ano seguinte, último do governo Kubitschek, o déficit no balanço de pagamentos brasileiro de 1959 havia sido coberto mesmo sem o aval do FMI e a consequente ajuda dos Estados Unidos. A auto avaliação em relação ao posicionamento anterior e uma leve mudança de atitude política daquele país talvez nos permita algumas conclusões, pois o governo brasileiro, depois de abandonar o PEM, vinha atingindo suas metas de desenvolvimento ao mesmo tempo em que escapava do padrão de enquadramento estabelecido pelos EUA para os países da região.

---

problemas internos do Brasil e manifestou que novos esforços deveriam ser feitos para encontrar uma fórmula para␣conciliá-los com medidas sólidas de estabilização. Como os EUA não controlam o Fundo, respeitariam a competência técnica daquele último, seguindo a política de apenas fazer empréstimos para o balanço de pagamentos com base num acordo prévio entre o Fundo e o país solicitante. Abrir um precedente neste sentido resultaria em uma avalanche de pedidos de empréstimo para o balanço de pagamentos que desviariam do desenvolvimento econômico recursos públicos já limitados". *Telegram From the Embassy in Brazil to the Department of State,* FRUS, 1958-1960, Volume V, documento n° 268, 11 mai. 1959.

79 *Telegram From the Embassy in Brazil to the Department of State,* FRUS, 1958-1960, Volume V, documento n°270, 9 jun. 1959.

80 *Telegram From the Embassy in Brazil to the Department of State,* FRUS, 1958-1960, Volume V, documento n°270, 9 jun. 1959.

Conforme consta no balanço de pagamentos brasileiro do período (Vide Tabelas: Tabela I, ver item 'J', subitem 'Haveres de curto prazo'), nos anos de 1959 e 1960, houve um considerável aumento na utilização dos haveres a curto prazo no sentido de contrabalançar o resultado dos déficits registrados. Entre 1958 a 1959, esse saldo praticamente triplicou e, entre 1959 e 1960, houve um incremento de mais 37%, havendo, ao mesmo tempo, para todo o período, contínua perda de reservas (Vide Tabelas: Tabela II). Pudemos observar também, conforme dados do Banco Central (Vide Tabelas: Tabela IV), que houve um aumento bastante considerável nos empréstimos e financiamentos a curto prazo em 1960, mas muito maior foi o crescimento de outros passivos de curto prazo, nos anos de 1959 e 1960, havendo aí, neste último ano, elevação no saldo líquido de atrasados.

Houve, portanto, uma deterioração nas contas externas brasileiras, pois os déficits foram sendo financiados por empréstimos a curto prazo, geralmente a juros mais altos, e muito do que existia como haveres a curto prazo era proveniente de operações de *swap*, também de alto custo. De acordo com Lessa (*op. cit.*, p. 59):

> (...) ao esgotarem-se as linhas tradicionais de crédito externo, lançou-se mão, nos anos finais do qüinqüênio, de certos expedientes de "desespero" para solucionar temporariamente o impasse externo que poderia fazer malograr alguns objetivos essenciais do Plano. Neste sentido, contraíram-se os chamados *swaps*. Por estas práticas o Banco do Brasil assumia uma dívida em dólares, entregando cruzeiros ao depositante de divisas. A este era assegurado o direito de, em certa data, refazer a operação, restituindo pela mesma taxa cambial, os dólares anteriormente depositados. Tais práticas permitiram a coleta de divisas adicionais, e, se bem que representem uma das formas mais onerosas de obtenção de poupanças do exterior, serviram para minimizar um estrangulamento ameaçador.

O atraso em certo volume de pagamentos, como vimos acima, e o expediente de solicitação de postergação para pagamento de faturas também foram alguns dos artifícios utilizados.[81] O preço a pagar estava sendo alto e os problemas financeiros acabariam se ampliando em períodos subsequentes. Contudo, ao escapar temporariamente do estrangulamento que estava sendo imposto pelas reformas exigidas pelo FMI, as metas propostas puderam ser em grande parte cumpridas, permitindo a melhoria na infraestrutura, a modernização fabril de setores já existentes e a constituição de outros, como o de bens intermediários e de consumo durável.

Ao final do ano de 1959, a Embaixada dos EUA, em informação enviada ao Departamento de Estado, verificou que as condições econômicas realmente vinham se deteriorando, mas, passados dois anos sem ajuda externa oficial, a situação não era das piores:

> Temos que admitir que a posição financeira do Brasil não é tão ruim quanto a que tem sido pintada. Em Washington, por exemplo, ouvi várias conversas sobre o "bilhão de dólares em ajuda que o Brasil teria recebido para o balanço de pagamentos desde 1953". Em realidade, o saldo líquido dessa ajuda é apenas a metade disso e uma boa parte do saldo bruto já foi efetivamente paga. Assim, quase dois terços dos US$ 300 milhões que o Brasil emprestou em 1953 já foram devolvidos. Não houve, além disso, qualquer moratória para as obrigações brasileiras. Hebert May, nosso adido financeiro, preparou alguns dados sobre o total de empréstimos externos e reembolsos, entre 1953 e 1958, mostrando que houve um déficit realmente pesado somente no ano passado. Até então, as entradas e saídas estavam muito próximas do equilíbrio. As importações brasileiras foram reduzidas de forma acentuada, particularmente, nos itens de luxo. Restrições mais drásticas cortariam importações essenciais e aquelas para o desenvolvimento econômico. O problema do balanço de pagamentos (…) tem sido, em grande medida, devido aos pesados vencimentos de curto prazo. (Tudo isso, é claro, não elimina a necessidade do Brasil de tomar as medidas necessárias

---

81 Informe da Embaixada norte-americana ao Departamento de Estado sobre reunião do ministro Paes de Andrade com petroleiras norte-americanas com o objetivo de postergar pagamentos referentes a importações brasileiras do produto. *FOREIGN SERVICE DISPATCH*, 'Efforts to Obtain Six Months Moratorium from Foreign Oil Companies', 22 Dez. 1960, NARA-C80: 832. 10/12-2260.

para expandir suas exportações, especialmente em face da provável continuação no declínio dos preços mundiais do café.)[82]

Em outro relatório de avaliação das relações Brasil-Estados Unidos para o Subsecretário de Estado, Douglas Dillon, emitido por Thomas Mann, este manifesta que talvez o governo dos Estados Unidos pudesse ter feito mais pelo governo JK, sem que este rompesse com o FMI. Afirmou ainda que havia sugerido, no passado, que talvez Brasil e FMI pudessem ter chegado a um acordo, negociando-se um meio termo entre um certo nível de desenvolvimento econômico e uma dada taxa de inflação, mas que não teria recebido apoio do próprio Fundo e do Tesouro norte-americano.[83] Tais alegações não reúnem elementos suficientes para se tirar conclusões de que os norte-americanos vinham reavaliando suas posições, contudo, entendemos que, de algum modo, os Estados Unidos procuraram mudar suas relações com o governo brasileiro. O fato é que, na primeira metade do ano de 1960, o Brasil reatou com o FMI e US$ 47,7milhões foram liberados ao país sem maiores exigências (BANDEIRA, *op. cit.*, p. 545; CERVO E BUENO, 2002, p. 297).

Talvez o impacto da Revolução Cubana, como salienta Bandeira (*op. cit.*, p. 545), a visita do presidente Eisenhower em fevereiro de 1960 (CERVO E BUENO, *op. cit.*, p. 297), ou ambos tenham feito com que os EUA mudassem sua postura de intransigência em relação ao país. Todavia não podemos deixar de considerar que o governo Kubitschek escapou, mesmo que temporariamente, do padrão de enquadramento norte-americano, utilizando-se inclusive dos investimentos diretos europeus – em menor grau, dos japoneses – para melhor contornar a situação externa.[84] Um país em franca industrialização, ensaiando uma política externa mais independente – como foi o caso da iniciativa da

---

82 *Letter From the Ambassador in Brazil (Cabot) to the Assistant Secretary of State for Inter-American Affairs (Rubottom)*, FRUS, 1958-1960, Volume V, documento n°278, 4 dez. 1959.

83 Relatório ARA (Mann) para Subsecretário do Departamento de Estado (Dillon), 'Evaluation Report from Brazil', 2 nov. 1960, NARA-C80: 732. 5-MSP/11-260.

84 Além da prática de swaps e de muitos empréstimos a curto prazo que ainda eram fornecidos externamente.

OPA, por exemplo – e que mostrara, por fim, insubordinação ao ditame econômico da potência hegemônica talvez não fosse um precedente que interessasse para os Estados Unidos.[85] Uma reaproximação com uma abordagem mais flexível, trazendo de volta o Brasil à instituição multilateral moderadora dos Estados Unidos, parece ter sido solução mais adequada para o momento.

Conclusão

Acreditamos ter delineado, neste capítulo, para o período Vargas e Kubitschek, algumas das políticas implementadas pelo Estado brasileiro no sentido de complementar elos produtivos e infraestruturais fundamentais para o avanço da industrialização no Brasil. Procuramos, por outro lado, salientar as motivações e a necessidade de uma coalisão política para que seus projetos pudessem, pelo menos, ser iniciados e, se possível, completos. As forças reunidas no interior político do país para que se concretizassem tais intentos tinham, além disso, de sobreviver aos percalços externos, encontrar bases de apoio nesse âmbito e sobreviver a outras forças que se deslocavam em sentido contrário. O interesse industrializante brasileiro que se constituiu naquele período, a partir de um consenso entre amplos setores sociais, enfrentou, quando não o desinteresse, a oposição por parte do governo dos EUA, que pretendia para o país outro tipo de desenvolvimento econômico que melhor atendesse aos seus próprios anseios. Infelizmente, essa disposição dos norte-americanos era muito diferente daquilo que estava nas expectativas do Brasil. O país, por sua vez, procurou capitais de origens distintas do tradicional parceiro, abdicou de autonomia produtiva nacional e até causou embaraço público à potência líder, ao tentar sensibilizá-la quanto às urgentes necessidades regionais. Numa última tentativa de conseguir o apoio financeiro imprescindível do país líder, teve que negá-lo para não ser forçado a abrir mão dos objetivos almejados. As metas seriam cumpridas. Se o desenvolvimento de JK era a caneladas, como dizia Roberto Campos, neste último ato – o do rompimento com o FMI –, o presidente deu um drible. Infelizmente não haveria espaço para outras jogadas.

---

85 Não nos foi possível explorar em profundidade as motivações para insistência sobre a reforma cambial.

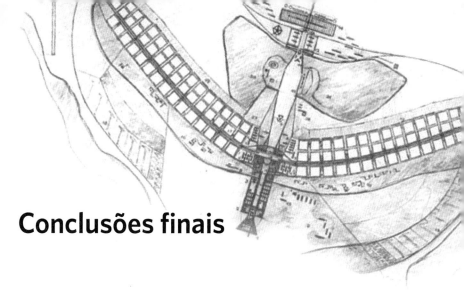

Conclusões finais

Ao fim deste trabalho, percebemos que o governo Kubitschek tinha o propósito de realizar a complementação industrial brasileira, mesmo que houvesse oposição por parte da nação da qual o país sempre esperou apoio fundamental. Talvez a experiência do governo Vargas tenha feito com que as esperanças não fossem depositadas num parceiro com o qual nem sempre se podia contar nos momentos em que mais se precisava dele. As expectativas frustradas com o fim da CMBEU tiveram um lado positivo. O Plano de Metas foi concebido para que não dependesse totalmente de um único arbítrio. Recebeu investimentos externos diretos, conseguidos principalmente na Europa, aproveitando-se externamente da nova conformação da estrutura de acumulação produtiva industrial e, internamente, de uma regulamentação mais do que oportuna, elaborada ironicamente por opositores políticos. Explicitava-se que o plano seria pago com os próprios recursos provenientes dos impulsos virtuosos dos investimentos previstos e da substituição que faria das importações, estando, sob o conhecimento velado de todos, sustentado sobre ampla expansão monetária. Sabia-se também que, apesar de todos os esforços, não seria possível cumprir com as metas sem pedidos de socorro. O preço do café, logo no início do governo, já havia dado o alerta. Mobilizar recursos políticos externos seria então necessário para realizar um constrangimento moral suficiente para expelir-se da grande potência alguma ajuda econômica que significasse para o Brasil uma garantia da execução do Plano sem demais turbulências. A OPA infelizmente não trouxe resultados nesse sentido. Submeter-se ao FMI e a todas exigências restritivas dos Estados Unidos, repassadas por este organismo, foi então a derradeira opção no momento em que os déficits sucessivos no balanço de pagamentos realmente ameaçaram a solvência brasileira. Uma estreita passagem aberta pelos capitais de curto prazo ainda deram fôlego para que JK conseguisse escapar, pelo menos na sua gestão, das terríveis condicionalidades do FMI – o que ajudou, por fim, a completar o Plano de Metas.

Todavia, o que podemos concluir da necessária, senão obrigatória, relação do Brasil com os Estados Unidos é que, para estes, a América Latina não representava, naquele momento, perigo político, econômico ou militar. Sua condição de fornecedora de produtos primários, principalmente como reservatório de matérias primas essenciais, era mais do que confortável financeira e estrategicamente. Se tais países buscassem o desenvolvimento econômico pela industrialização, poderiam fazê-lo com a ajuda norte-americana – já que não haveria muitas opções –, todavia teriam que abrir seu espaço de exploração econômica àquele país e restringir suas próprias iniciativas, dada as condicionalidades impostas para uma eventual liberação dos recursos. Uma ajuda econômica por parte dos Estados Unidos que atendesse às reais necessidades de uma industrialização robusta na América Latina não era, dessa maneira, provável, pois dentro do sistema capitalista jamais haveria interesse por parte daquele país em criar, com seus próprios recursos, uma outra região desenvolvida industrialmente que pudesse ter chances de, no longo prazo, entrar na concorrência pelos mercados mundiais juntamente com Europa e o Japão.

Tabelas

Tabela I – Balança de Pagamentos – Valor (US$ 1 000 000)

		1951	1952	1953	1954	1955	1956	1957	1958	1959	1960	1961
A.	Balança comercial	-532	-286	424	148	320	437	107	65	72	-23	113
	Exportação (FOB)	1171	1416	1540	1558	1419	1483	1392	1244	1282	1270	1405
	Importação (FOB)	1703	1702	1116	1410	1099	1046	1285	1179	1210	1293	1292
B.	Serviços	-469	-336	-355	-338	-308	-369	-358	-309	-373	-459	-350
	Transportes e seguros	-260	-232	-138	-159	-142	-127	-122	-108	-96	-85	-83
	Rendas de capitais	-90	-36	-127	-97	-78	-91	-93	-89	-116	-155	-145
	Juros	-20	-22	-34	-48	-35	-67	-67	-58	-91	-115	-114
	Lucros e dividendos	-70	-14	-93	-49	-43	-24	-26	-31	-25	-40	-31
	Outros serviços	-119	-68	-90	-82	-88	-151	-143	-112	-161	-219	-122
C.	Mercadorias e serviços (A + B)	-401	-622	69	-190	12	68	-251	-244	-301	-482	-237
D.	Transferências	-2	-2	-14	-5	-10	-11	-13	-4	-10	4	15
E.	Transações correntes (C + D)	-403	-624	55	-195	2	57	-264	-248	-311	-478	-222
F.	Capitais	-11	35	59	-18	3	151	255	184	182	58	288
	Investimento direto líquido (1)	-4	9	22	11	43	89	143	110	124	99	108
	Empréstimos e financiamentos - médio e longo prazos	38	35	44	109	84	231	319	373	439	348	579
	Capitais de curto prazo	–	–	–	–	–	–	–	–	–	–	–
	Amortizações	-27	-33	-46	-134	-140	-187	-242	-324	-377	-417	-327
	Outros	-18	24	39	-4	16	18	35	25	-4	28	-72
G.	Total (E + F)	-414	-589	114	-213	5	208	-9	-64	-129	-420	66
H.	Erros e omissões	123	-26	-98	10	12	-14	-171	-189	-25	10	49
I.	Superavit (+) ou deficit (-)	-291	-615	16	-203	17	194	-180	-253	-154	-410	115
J.	Demonstrativo de resultado	291	615	-16	203	-17	-194	180	253	154	410	-115
	Haveres de curto prazo (aumento (-))	238	103	62	50	-69	-165	143	59	176	241	-309
	Ouro monetário (aumento(-))	-1	-1	-1	-1	-1	-1	–	-1	-1	40	2
	Operações de regularização	28	-28	486	200	61	-28	37	195	-21	61	260
	FMI	28	-28	28	0	0	-28	37	37	-21	48	40
	Outros	0	0	458	200	61	0	0	158	0	13	220
	Atrasados comerciais	26	541	-563	-46	-8	0	0	0	0	68	-68

Tabela II
Reservas Internacionais no Banco Central do Brasil (US$ milhões)

Período	Liquidez Internacional 1/
1956	608
1957	474
1958	465
1959	366
1960	345
1961	470

Fonte: Banco Central do Brasil
1/ Agrega os valores do conceito "caixa", os haveres de títulos de exportação e outros haveres de médio e longo prazos.
Valores relativos ao fim do período

Tabela III
Valor dos principais produtos da pauta de exportação, Brasil, 1955-1963 (FOB, em US$ milhões)

Produtos exportados	1955	1956	1957	1958	1959	1960	1961
Café	844	1030	845	688	733	713	710
Algodão	131	86	44	25	36	46	110
Minérios	35	43	86	69	73	83	92
Cacau e derivados	106	81	90	117	91	98	62
Açúcar	46	2	46	58	42	58	66
Outros	257	241	281	287	307	272	363
Total	1.419	1.483	1.392	1.244	1.282	1.270	1.403

Fonte: SUMOC, Boletim, anual, 1964, p. 56-7. (Apud. Loureiro, 2012: 470)

Tabela IV
Empréstimos a Curto Prazo e outros Passivos
US$ milhões

Discriminação	1955	1956	1957	1958	1959	1960
Empréstimos e financ. - demais setores CP (líquido)	16	18	35	25	-4	85
Outros passivos LP e CP (líquido)	-66	17	-18	28	150	335
Outros passivos LP (líquido)	0	0	0	0	0	0
Outros passivos CP (líquido)	-66	17	-18	28	150	335
Atrasados (líquido)	-8	0	0	0	0	68
Demais (líquido)	-58	17	-18	28	150	267

Fonte: BACEN - Série Histórica do Balanço de Pagamentos: 2013 (Elaboração própria)

Texto original das notas traduzidas

Capítulo 1

Nota n° 20: "Increased high-level U.S. attention to the problems of Latin America has contributed toward reducing the feeling in Latin America that the United States neglects its closest neighbors while lavishing its attention and resources on Europe, the Middle East and Asia. (…) The annual gross flow of foreign capital – official and private – into Latin America has risen markedly in recent years from $1, 610 million in 1956 to $2, 167 million in 1957, while the net flow rose from $1,040 million to $1,587 million in the same period. A large share has been channeled into the extractive industries, especially Venezuelan oil, which accounted for about one-third of the 1957 total. (…) Of course, all of this flow does not directly finance new productive investment. In many countries the climate for private U.S. investment remains unfavorable, although, as indicated elsewhere in this Report, there were some signs of improvement in Argentina".

Capítulo 2

Nota n° 2: "The president was a fiscal conservative who had pledged during the 1952 campaign to slow the growth of government, and both domestic public assistance and foreign aid strained the federal budget."

Nota n° 4: "Latin Americans were dependent on the U.S. for almost all military assistance and advice, and for capital and markets."

Nota n° 5: "It [the U.S.] took initial steps to provide capital assistance through the World Bank and Import-Export Bank and decided to continue the technical assistance programs indefinitely. But it decided early that the burdens on these two institutions could be considerably lessened if the Latin American governments would be more hospitable to foreign private investment, and that public loans should therefore be offered in a way that would not remove incentives for Latin American governments would be hospitable to private capital."

Nota n° 7: "(…) Eisenhower agreed with Secretary Humphrey opinion that businessmen should become U.S. ambassadors in Latin America (…)."

Nota n° 8: "Eisenhower also approved Humphrey's plan to limit the lending authority of the Export-Import Bank to short term credits for the expansion of trade. (…) with the freezing of long-term lending, the bank's development loans in Latin America fell from \$147 million to \$7. 6 million in 1953"

Nota n° 9: "Economic nationalism weakened respect for private property and individual initiative, it was, therefore, to be condemned, because it injured U.S. businessmen and smacked communism."

Nota n° 10:"(…) Latin American countries are capital hungry and will not consciously do anything which will seriously impede the investment of foreign capital. This obviously does not mean that foreign capital will be acceptable on any terms, but it does mean that foreign capital is wanted in large amounts and that concessions will be made to attract it."

Nota n° 17: "Our basic assumption remains that it is to the national interest of the United States to prevent the Brazilian economy from going into a tailspin."

Nota n° 20: "Given the present size of the military and economic aid assistance being provided Brazil, it is believed that the technical cooperation program should be expanded if we are to the more fully meet our objectives of a strong, friendly and democratic Brazil which is stable politically, socially and economically."

Nota n° 21: "Obtain adequate production of and access to materials essential to our security"."Adequate production of and access to resources and materials essential to U.S. security and identification of such resources and skills as may be capable of making a significant contribution to U.S. recovery in the event of nuclear attack."

Nota n° 22: "Non-Intervention Policy – The United States shall continue to adhere to the policy of not intervening unilaterally in the internal affairs of the other American Republics. In contingencies where the non-intervention policy may appear to be inadequate to safeguard vital U.S. interests and obligations, additional guidance shall be sought."

Nota n° 30: "3. We should increase our efforts toward exploitation of Brazilian iron, manganese and bauxite resources by private American investors. Substantial United States Government credits to facilitate such exploitation may be required."

Nota n° 38: "(…) the São João Del Rey gold mine has been sold, reportedly to a group of U.S. investors, whose principal interest is (…) large iron ore deposits (…)".

Nota n° 55: "Understand while not prepared make any public statement re petroleum problem, in confidential discussions with US officials Kubitschek will probably refer his desire to obtain modification Petrobrás legislation so as to permit foreign oil companies to participate in developing Brazilian petroleum resourses".

Nota n° 56: "6. There is no danger of overt Communist attack against any Latin American country except in the context of general war. Communists have no present prospect of gaining control of any Latin American state by electoral means. They do, however, have the capacity to achieve direct participation in national politics and the governments of some countries, (…).

Moreover, the Soviet bloc is seeking broader trade and economic and cultural relations with Latin American countries not only for economic reasons but in order to disrupt our friendly relations with Latin America, to subvert the countries in the area, and to destroy the inter-American system". "5. Nevertheless the situation in Latin America is more favorable to attainment of U.S. objectives than in other major underdeveloped areas. (…) None of the Latin American nations faces an immediate threat of overt Communist aggression or takeover. Consequently, in comparison with other underdeveloped countries, defense and internal security need not constitute as great a charge on Latin American energies and resources (…). 6. On the other hand, we must reckon with the likelihood of a much more intensive Bloc political and economic effort in Latin America. The Communists have at present limited capabilities there, but are utilizing their resources vigorously and intelligently. Their immediate objectives are to disrupt friendly relations with the United States and to promote neutralist foreign policies. Latin American Communist parties have sought with mixed success to de-emphasize their revolutionary aims and to align themselves and work with all elements actually or potentially hostile to the United States in an effort to influence Latin American governments to disengage themselves from U.S. leadership. At the same time, the Sino-Soviet bloc is complementing the efforts of the local Communist parties by a growing economic, cultural, and propaganda effort designed to hold out inducements for a more impartial position in East-West affairs and to portray the United States as the major obstacle to Latin American progress."

Nota n° 57: "15. The Communists are not numerically strong in Latin America, but are adept at identifying themselves with popular sentiments already prevalent and exploiting them for their own purposes. They present themselves as the most ardent and patriotic democrats and nationalists in sight, thus gaining respectability and forcing the pace of change. They foster the tendency of intellectuals, students, and other leaders of opinion to interpret both the local situation and US relations in Marxist terms. Their immediate objective is to gain such influence in other radical parties, in the bureaucracy, in organized labor, and with the populace as to be able to turn governmental policies in neutralist and anti-US directions". "2.d. Development of Internal Security Programs. The absolute strength of Latin American communist parties is not impressive at the present time. However, factors such as unstable political systems, ultra-nationalist sentiment, inadequate internal security forces, poverty and unstable economic conditions, are susceptible to exploitation by the communists."."20. Communist Party Activities. With the assistance of the Communist Bloc's economic and cultural offensive, local Communist parties in Latin America have assiduously devoted their efforts to the primary aim of disrupting Latin America's traditional friendly ties with the United States. In general, they – like the Communist parties in Asia, the Middle East, and certain parts of Europe – have tended to suppress revolutionary Communist aims and emphasized collaboration with nationalist, left-wing socialist and, indeed, any elements which might be expected to oppose United States influence. While Communist leaders in Latin America retain the Communist control of the state apparatus as their ultimate aim, they have increasingly in 1958 focused on the development in Latin America of "neutralist" governments on the model of Nasser's Egypt, Nehru's India, or Sukarno's Indonesia as the immediate and more achievable aim of Communist tactics. 21. United States Government Operations. From the U.S. viewpoint current Communist tactics pose a number of difficult problems. As a result of their suppression of their objective of forcible overthrow of non-Communist governments and their current emphasis on "parliamentary" tactics, Communists in a number of areas in Latin America were gaining increasing acceptability as "legitimate" political parties and their close alignment with non-Communist nationalist elements has met with a sympathetic response."

Nota n° 58: "6. (...) The USSR seeks to distort our close relations with the other American Republics by accusing the United States of dominating and subjugating Latin America and by accusing the Latin Americans of being subservient to the United States. The Soviet Union is supported in these charges by highly vocal local Communist and other anti-U.S. elements. On occasion Latin American governments seek to emphasize their independence by taking positions at odds with ours and sometimes detrimental to our interests". "19. Soviet Bloc Activities. Although actual Soviet Bloc trade with Latin America continued to decline (down 24% in value for the first six months of 1958 as contrasted with 1957), the Communist Bloc continued to step up its political and propaganda emphasis on its economic and cultural offensive in Latin America and a number of new offers were made which may result in a future increase of Bloc trade with the area".

Nota n° 59: "11. Closer relations between the Soviet Union and Latin America are against the security interest of the United States. Some Latin Americans may respond favorably to some of the Soviet bloc offers, especially for expanded trade, or attempt to use the threat to accept Soviet offers as a weapon to obtain increased U.S. assistance".

Nota n° 60: "1. Latin American plays a key role in the security of the United States. In the face of the anticipated prolonged threat from Communist expansionism, the United States must rely heavily on the moral and political support of Latin America for U.S. policies designed to counter this threat. A defection by any significant number of Latin American countries to the ranks of neutralism, or the exercise of a controlling Communist influence over their governments, would seriously impair the ability of the United States to exercise effective leadership of the Free World, particularly in the UN, and constitute a blow to U.S. prestige". "8. It is essential that we strengthen our close political ties with the other American Republics and keep them associated with us in support of our world policies. The Organization of American States, with its subsidiary organizations, is one of the primary instruments through which we can accomplish this end, at the same time avoiding any appearance of unilateral action or intervention".

Nota n° 61: "14. Adequate production of and access to resources and materials essential to U.S. security and identification of such resources and skills as may be capable of making a significant contribution to U.S. recovery in the event of nuclear attack".

Nota n° 63: "6. (...) Generous and vigorous implementation of U.S. policies in the area is essential if the Soviet effort is to be frustrated. (...). Objectives 15. a. Keep the other American Republics friendly toward the United States and retain their support of our world policies. (...) d. Reduce and eventually eliminate Soviet bloc and Communist influence in the area. (...) f. Obtain the participation in and support of measures to defend the hemisphere". "Objectives. (...) 8. Greater Latin American understanding and support of U.S. world policies as well as greater recognition of the constructive U.S. interest in Latin American aspirations. (...) 12. Maximum limitation of Communist and Sino-Soviet bloc influence and greater awareness of the nature and threat of international Communism in Latin America. 13. Latin American participation in and support of measures to defend the hemisphere under U.S. leadership".

Nota n° 64: "2. We believe there is little likelihood that Latin American attitudes toward the US will change substantially for the better during the next few years. In most of the area, a mushrooming population together with soaring economic expectations will cause governments increasingly to attempt economic development beyond their own capabilities. In consequence, governments will press with greater vigor for increased US assistance and, to the extent the US is unable to satisfy such requests, they will adopt the attitude that the US is being unsympathetic. (...)".

Nota n° 65: "17. Misunderstandings of the United States, its policies and objectives also continued to be a major impediment to the realization of United States goals in Latin America. This serves to underline the need for U.S. Government agencies to contribute to a coordinated and vigorous explanation of what the United States' aims are in the area and of what it expects the Latin Americans to contribute to the solution of the individual and common problems of the nations of the area. (...) c. The United States has unlimited resources is (...) a concept which is tenaciously held in the area, leading Latin Americans to conclude that the United States "failure" to solve their problems of economic and social development is the result of American indifference or malevolence. Although some thoughtful Latin Americans have an intellectual grasp of the burdens imposed on United States resources by defense and foreign aid, many are unable to comprehend why the United States cannot, if it only would, devote an effort to Latin America of the scope of the Marshall Plan in Europe or of our aid programs in Asia in recent years. At the same time, it is not in the interest of the United States to admit to economic limitations in such a way as to give the impression that the United States is less able or willing to assist with their problems than, for example, the Soviet Union".

Nota n° 66: "22. Military Problems a. Inter-American Military Relations. Despite U.S. efforts to influence Latin American countries to limit the size and types of their military forces, there is a continuing problem of resistance on the part of Latin American countries to suggestions that they design and employ their military forces in consonance with the roles and missions of maintaining their own internal security, and furnishing a contribution to Western Hemisphere defense through defense of coastal waters, ports, and approaches thereto, bases, strategic areas, and installations located within each nation's own territory, and routes of communication associated therewith. (…) b. Latin American Interest in Excessive Military Equipment. It continues to be the general policy of the United States to discourage Latin American countries from acquiring military equipment through either grant or sale programs, which is not suited to the objectives envisaged in U.S. national policy and current strategic concepts. Despite the constant U.S. efforts in this vein, it can be expected that the desires of Latin American countries for such equipment will continue, as will their procurement from non-U.S. sources, principally Western Europe".

Nota n° 67: "4. Conclusion. In the light of the foregoing and in carrying out our policy toward Latin America, it becomes necessary to make known more of the facts on all phases of U.S. interest in and assistance to Latin American development, including both public and private activities designed to help Latin America achieve its aspirations. (…) The position of the United States as a world leader, in order to retain Latin American cooperation and admiration, must be highlighted by: a. Depicting the range, depth and freedom of U.S. culture; b. Demonstrating U.S. dedication to the preservation of political and personal freedoms; and c. Publicizing U.S. developments in the fields of science and applied technology".

Nota nº 68: "11.(...) The Soviet overtures only serve to emphasize the urgency and necessity of carrying out U.S. policies vigorously, especially loan and trade policies, in order to demonstrate the benefits to be derived from a free private enterprise system and from close relations with the United States. We should be prepared, however, to take action appropriate to the occasion if a Latin American state establishes close economic or other ties with the Soviet bloc."

Nota nº 80: "Objectives. (...) d. Reduce and eventually eliminate Soviet bloc and Communist influence in the area."

Nota nº 84: "the Brazilians are beginning to feel that we have interest in Europe, specifically in the defense line, and I think we should take every opportunity of tying them into our defense arrangements if we possibly can".

Nota nº 85: "The Department of Defense has consistently supported the NSC policy of discouraging Latin American countries from acquiring non-essential military equipment (...)".

Nota nº 88: "2. Trade relations with the other American Republics ($7 billion annually), in most recent years, have been more extensive than with any other area of the world. (...) With their rapid rate of population increase and economic growth, the other American Republics have achieved an increased weight internationally in both economic and political affairs. (...) Policy Conclusions, 9. Close economic relations with Latin America are a valuable asset to the United States and will become even more important as the economies of these Republics are further developed. Accordingly, it is important to preserve and improve the trade and investment relations between the United States and the Latin American nations.""Objectives. 10. (...)[I]ncreased trade among Latin American countries and between them and the United States and other Free World countries."

Nota n° 89: "Annex B. GENERAL CONSIDERATIONS. 13. Economic. The economic links between Latin America and the United States are stronger than with any other major underdeveloped area. Approximately 22% of U.S. exports go to Latin America, and 29 percent of U.S. imports come from Latin America. This trade with the United States represents about 45 percent of total Latin American exports and about 50 percent of total Latin American imports. (…) IV. Principal Problems. Problems in attaining more rapid economic growth. 21. a. Instability of foreign exchange earnings. Latin America depends on the export of coffee, petroleum, nonferrous metals, sugar, cotton, wool, grains and meat for 70 percent of its export earnings. Wide fluctuations in the prices of several of these commodities since World War II have subjected some Latin American countries to alternating and largely unpredictable periods of foreign exchange abundance and stringency, adding to the difficulties of planning for orderly economic development. The United States is either a major buyer or a major seller of each of these commodities. U.S. quotas, tariffs, health regulations, or "voluntary" restrictions limit the U.S. market with respect to all of those listed but coffee, and U.S. surplus disposal programs affect the foreign market for cotton and grains".

Nota n° 90: "General Courses of Action. Economic. 21. Maintain stable, long-term trading policies with respect to Latin America designed to expand existing levels of inter-American commerce. In order to achieve a high level of inter-American trade in accordance with the most-favored-nation principle, (a) press strongly for reciprocal reductions of barriers to such trade and (b) take the lead by reducing further our own trade restrictions over the next few years, with due regard to national security and total national advantage."

Nota n° 92: "General Courses of Action. Economic. 22. Be prepared to encourage, through the Export-Import Bank, the financing of all sound economic governmental development projects or private commercial projects, for which private capital is not readily available provided each loan is (a) in the best interests of both the United States and the borrowing country; (b) within the borrower's capacity to repay; (c) within the Bank's lending capacity and charter powers; and (d) sought to finance U.S. goods and services."

Nota n° 93: "36. Trading Policies. In order to expand inter-American trade: a. Make every effort to maintain stable, long-term trading policies and avoid, to the maximum extent possible, restrictive practices which affect key Latin American exports to the United States. b. Work toward a reduction of tariff and other trade barriers with due regard to total national advantage. c. Encourage those American Republics which are not now members of GATT to accede to GATT and to negotiate reductions of trade barriers within the GATT framework. d. Demonstrate U.S. concern for the commodity problems of Latin American nations. In an effort to find cooperative solutions, be prepared to discuss and explore possible approaches to such problems in accordance with U.S. policy on international commodity agreements. e. Encourage and endorse the establishment of customs unions or free trade areas in Latin America which conform to GATT criteria. f. Be prepared to endorse proposals for regional preference arrangements which do not conform to GATT criteria, if consistent with over-all foreign economic policy."

Nota n° 94: Conclusion. 31. The problems described above reveal the difficulty the U.S. faces in maintaining its good relations with Latin America and achieving our objectives there. The principles guiding our present policies, most of which were developed before World War II, remain valid. However, as in the case of our trading policies, we have not always been able to adhere consistently to these principles and have perhaps not made efforts in all fields commensurate with the magnitude of the problems. It is clear that a consistent and continuing major effort will be required if the United States is to develop further its historic strong ties with Latin America and play a constructive role in assisting Latin America in solving its problems."

Nota n° 96: "2. Trade relations with the other American Republics ($7 billion annually), in most recent years, have been more extensive than with any other area of the world. Private U.S. investment in Latin America ($7 billion) is larger than in any other area except Canada. With their rapid rate of population increase and economic growth, the other American Republics have achieved an increased weight internationally in both economic and political affairs."

Nota nº 98: "General Courses of Action (...) Economic (...) 26. While recognizing the sovereign right of Latin American states to undertake such economic measures as they may conclude are best adapted to their own conditions, encourage them by economic assistance and other means to base their economics on a system of private enterprise, and, as essential thereto, to create a political and economic climate conducive to private investment, of both domestic and foreign capital, including: a. Reasonable and non-discriminatory laws and regulations affecting business. b. Opportunity to earn and, in the case of foreign capital, to repatriate a reasonable return. c. Reasonable rate-making policies in government-regulated enterprises. d. Sound fiscal and monetary policies. e. Respect for contract and property rights, including assurance of prompt, adequate and effective compensation in the event of expropriation."

Nota nº 110: "Annex B (...) GENERAL CONSIDERATIONS (...) I. Importance of Latin America (...) 2. Over the next half century, Latin America is likely to play an increasingly important role in world affairs. With a population expected to reach some 500 million by the end of this century and possessing a wide range of undeveloped resources, it represents a large potential of economic and political power. If this potential is realized and applied on the side of the Free World, the capability of the United States and its Western allies to deal successfully with Communist expansionism for an indefinite period will be enhanced. The availability of Latin American resources and political support could be of considerable importance to the military defense of the Free World. But if Latin America fails to progress, the area is likely to become a drain on the energies and resources of the United States."

Capítulo 3

Nota nº 38: "The principal Latin American countries have made substantial progress in developing more balanced economies, (...). The accumulation of capital needed to maintain a satisfactory rate of development has lagged because of low productivity and limited export prospects for the foodstuffs and raw materials on which Latin America still depends for essential foreign exchange. Latin America, in view of its growing economic aspirations and the probability that its terms of trade will not substantially improve during the next few years, almost certainly cannot provide from its own resources sufficient capital to maintain a satisfactory rate of economic development. In particular, most countries will have great difficulty with respect to the foreign exchange increment of investment. The general level of prices for Latin America's primary products has declined since 1954 while world prices for manufactures have risen. Export volume has failed to compensate for losses in earning power and for increased demands for imports in part responding to greater needs for energy, transport supplies, industrial raw materials, and heavy equipment. Despite their obvious shortages of foreign exchange, the Latin American countries have pressed the import of capital equipment. This (…) has resulted in sizeable trade deficits over the past few years. These have been covered by sales of gold and foreign exchange reserves, by overseas commercial credits, by official loans, and by investment of capital from abroad. The gross inflow of outside capital has more than doubled, but net receipts have been considerably reduced by outflows of amortization, repayments of official debts, and remittances on private investment."

Nota nº 41: "In Latin America the state has traditionally played an important role in the economy and there is in the area a widespread preference for state economic initiative, particularly as against foreign private enterprise. State intervention has recently received a strong impulse from rapid change in the society that in many cases has almost forced the state to take a more active role. Domestic capital, typically organized on a family basis and limited in quantity, has been unequal to the task of developing basic industries and exploiting national resources, while private foreign capital has been excluded in certain areas, principally petroleum, by nationalist opposition".

Nota nº 42: "Encourage Latin American countries to look to private capital and international lending institutions as major sources of external capital for development, negotiating wherever feasible suitable income tax agreements designed to reduce obstacles to international trade and investment and to give recognition to tax incentives offered by Latin American countries".

Nota nº 43: "The United States, aided considerably by the International Monetary Fund (IMF), has made substantial effort to encourage Latin American governments to confront more courageously their fiscal and balance of payments problems. However, under domestic political pressures (especially reluctance to hold down wages and thus to oppose aspirations for higher living standards), many Latin American governments have shown timidity about taking measures to check inflation and inability or unwillingness to institute sound fiscal and economic policies."

Nota nº 44: "If a Latin American state should establish with the Soviet bloc close ties of such a nature as materially to prejudice our interests, be prepared to diminish or suspend governmental economic and financial cooperation with that country and to take any other political, economic or military actions deemed appropriate"

Nota nº 49: "During conversation with President Kubitschek on other matters he made point that in difficult economic situation facing Brazil particularly surplus of coffee, administration is under great and growing pressure to deal with Soviet bloc. He said his government's ability to resist that pressure might be affected by extent to which U.S. is able to assist Brazil to meet current economic crisis,(…)". "Say if Brazil believes some surpluses can be fruitfully disposed of in this way US would understand exploitation of the opportunity. Would like sound word of caution however and warn Kubitschek of danger getting in too deep with USSR".

Nota nº 50: "(…) his notions about chicken in every pot are likely to appeal to numerous rice, bean and corn eaters, especially since we are obviously expected to furnish the chicken".

Nota nº 51: "Problem: Brazil is attempting through Operation Pan-America to obtain the assurance of continuing large-scale financial assistance from the United States Government for a general program of economic development in Latin America. The program would set a series of goals and support levels, and the United States would be expected to underwrite the attainment of the support levels. The United States cannot accept the Brazilian proposals, and the problem is to resolve the issue constructively, with as little discord as possible".

Nota nº 55: "The National Advisory Council on International Monetary and Financial Problems was established under the Bretton Woods Agreement, July 31, 1945. It was abolished in 1965 and superseded by the National Advisory Council on International Monetary and Financial Policies (NAC). NAC coordinates US foreign financial and monetary policies."

Nota nº 56: "Mr. Arey [Arey, Hawthorne, Director, Export-Import Bank] outlined the history of relations between the Export-Import Bank and Brazil in recent years, including the $300 million credit of February 1953 and the $75 million credit of February 1955. He pointed out that more than $75 million of the former credit had been repaid, and that only $45 million of the $75 million credit had been drawn. The Brazilians wanted the Bank to refund the balance of the $300 million credit over a 20 year period. The Bank felt that refunding would only postpone payments to the very period when the Brazilians would have to make payments on any future long-term credits received in their development program. Also, Brazil was in a good position now with $90 million in lines of credit with commercial banks which were not being used, and with average dollar earnings running about $72 million a month as against $47 million last year. Furthermore, if the Bank refunded the debt it would be necessary to charge a higher rate of interest than the present 3½ percent".

Nota nº 57: "Embassy has prepared analysis of present situation in Brazil covering economic, political, psychological fields (…). These conclusions are: 1. Serious economic difficulties face Brazil during the next 2 or 3 years: a) The balance of payments outlook is critical, with a probable deficit for 1957 of as much as $250 million and a worsening situation thereafter. i) No significant improvements are foreseen in exports. ii) As most luxury items have already been eliminated from imports, little further compression is possible except at the expense of economic development. b) Internally inflation continues, though at a slower rate in the first half of 1957 than in 1956.c)

Combined effects of payments trouble and inflation exacerbate an imbalance in the economic growth of Brazil. 2. Foreign financing will be needed, such as: a) Public and private standby credit lines. b) Relief when requested on Eximbank and other existing obligations. c) Further IMF assistance. d) New public credits (Eximbank and IBRD) to continue basic economic development. e) Continued flow of private US and European investment, encouraged by US Government confidence in Brazil".

Nota n° 58: "Dept believes Brazilians may be ready abandon idea US bailout (...) and that if they really fear political implications gold pledge they will be forced deal seriously with IMF as only alternative. (...) US financial assistance, without comprehensive program designed to restore balance in external accounts and satisfactory to IMF, would be contrary to established US policy and would constitute unacceptable precedent. (...) Brazilian economists understand nature of problem and should be able in few days to draw up general program which could then be discussed with IMF, looking toward prompt agreement, provided Brazil prepared make policy decisions in field of budget, credit and foreign exchange. If Brazil prepared to undertake necessary measures it should be possible to work out satisfactory arrangements with IMF without delay".

Nota n° 59: "SECTION 1. (a) In order to provide for the integrated implementation of national security policies by the several agencies, there is hereby established an Operations Coordinating Board, hereinafter referred to as the Board, which shall report to the National Security Council."

Nota n° 60: "Encourage efforts by the International Monetary Fund (IMF), the International Bank for Reconstruction and Development (IBRD) to bring about desirable financial and economic reforms, seeking, insofar as practicable, to have those organizations take the major part of the responsibility for recommending and negotiating with Latin American governments programs of financial and economic reforms consistent with U.S. objectives. It is also planned that the Inter-American Development Bank shall make a contribution in this regard."

Nota nº 61: "Additional loans authorized since September 30, 1958 amounted to $2. 6 million from the DLF; $86 million from the IBRD; and $1. 3 million from the IMF."

Nota nº 62: "In fact, the IMF in the recent past has in effect been used to attain U.S. objectives through measures which, if adopted in the first instance by the U.S. itself, would probably have drawn a considerable amount of criticism of the U.S. in Brazil."

Nota nº 63: "During the first ten years of the existence of the Institute of Inter-American Affairs (1942–1952) it was possible to carry over funds from one year to another for the Latin American Technical Cooperation program, and for the Institute to adjust allocations between countries and projects in carrying out the program. (...) At present the amount of the funds made available for the Latin American program is reduced in an amount equivalent to those carried over from the previous year. In these circumstances, the inability to obtain Congressional authorization and appropriation beyond a one-year basis deprives the region of the flexibility previously enjoyed both in respect to longer range planning with the host governments and in utilization of the funds".

Nota nº 64: "Congress has on numerous occasions criticized Eximbank for extending credit to "bail out" commercial banks". "It would be immeasurably better if Brazil could pay the loan promptly. He pointed out that in recent hearings Congress had wished to write into the record that they did not like balance-of-payments loans of this character". "Washington cannot know at this time magnitude or form of possible loan assistance which may be necessary. Both amount Brazil may need and form and extent US support will depend upon adequacy of program Brazil prepared adopt. Possible we may need to seek Congressional approval in advance on formal or informal basis. This would not be for purpose stalling. We are not now in position go to Congress because in absence missing element sound Brazilian program we are unable assure Congress aid could contribute lasting solution Brazil's problems. Congressional consultation would, of course, involve risk of leaks".

Nota nº 65: "On the same day Treasury representative May told Finance Minister Lopes in substance: 'Agreement between Brazil and the Fund is a precondition for any possible subsequent discussions with the U.S. Government, but there is no U.S. Government commitment for balance of payments assistance even if Brazil should reach agreement with the IMF'". "My second point relates to the idea in your third paragraph of making sure an IMF agreement doesn't become the basis for an argument about new money: No one here has encouraged the Brazilians in this belief; nor has anyone discouraged them – including Tom Mann; what we have done is continuously to make it clear to the Brazilians that we would not help out on balance of payments unless they reached agreement with the IMF."

Nota nº 66: "The mantle of multilateral anonymity does not hold in this case, because GOB [Government of Brazil] has already presented us to its public as the unseen bogey man in any IMF action".

Nota nº 67: "We stood firm with Argentina, Turkey and other countries, and the Brazilian case is being watched by other countries". "To break this front [IMF] would result in avalanche of demands for balance of payments loans which would divert limited public resources from economic development".

Nota nº 68: "For U.S. Gov't itself to become involved in kind of hard negotiations and ultimate application stern disciplinary measures required would be highly impolitic and would strain traditionally friendly relations two countries. Nevertheless, Brazil must be made appreciate that large bail-out by U.S. Government not possible and you should discourage Alkmim's anticipation of it. Expectation for similar assistance would be inevitable chain reaction throughout free world if U.S. gave in to Brazil now. At today's meeting it was agreed that Brazil should commence soonest discussions with IMF (...)"

Nota nº 69: "The United States has unlimited resources is also a concept which is tenaciously held in the area, leading Latin Americans to conclude that the United States 'failure' to solve their problems of economic and social development is the result of American indifference or malevolence. Although some thoughtful Latin Americans have an intellectual grasp of the burdens imposed on United States resources by defense and foreign aid, many are unable to comprehend why the United States cannot, if it only would, devote an effort to Latin America of the scope of the Marshall Plan in Europe or of our aid programs in Asia in recent years. At the same time, it is not in the interest of the United States to admit to economic limitations in such a way as to give the impression that the United States is less able or willing to assist with their problems than, for example, the Soviet Union."

Nota n° 73: "Following new discussions with IMF, Brazilians represented 1958 deficit in dollars and ACL currencies to be approximately $320 million, but stated that cash deficit in both type currencies between now and end of year equal $200 million. It was explained that this included $150 million US dollar deficit and $50 million deficit in ACL currency. Brazilians then stated necessity of receiving total credit of $150 million from Eximbank in order that they might obtain additional credits from commercial banks to satisfy ACL currency deficit. (…)It thereupon offered to lend $100 million for 8 years with no principal payments during the first 3 years, provided arrangements could be made with commercial banks to obtain total of $50 million. (…) National Advisory Council today supported Eximbank position and approved consideration by Eximbank of credit of $100 million to be supplemented by credits aggregating $50 million from commercial banks".

Nota n° 76: "In my memo of February 2, I reported that Brazil was thinking of sending a mission to Washington within two weeks to negotiate with the IMF and the Eximbank for assistance to cover a balance of payments deficit for 1959 estimated at some $300 million. (…) The IMF feels strongly that Brazil should modify its unrealistic exchange system: yet Kubitschek has said that he cannot do much in this field since he believes devaluation would be politically difficult. We agree with the IMF that unless Brazil modifies the exchange system there is not much hope that it will be able to balance its international accounts, and thus cease coming to the U.S. every year for balance of payments assistance. Whether in the final analysis the IMF will yield on this vital part of a stabilization program remains to be seen. (…) Any misconception that President Kubitschek may have on the importance of exchange reform should be removed".

Nota nº 78: "[JK] made personal appeal to avoid final steps in exchange reform which would inevitably raise price of petroleum and bread and thereby incur political and social movements which his government would be unable control. (…) [Mann] well understood Brazil's internal problems and felt that renewed efforts should be made to find formula to reconcile them with sound stabilization measures. While US did not control Fund, it respected latter's technical competence and had followed policy of making balance of payments loans only on basis of other country's prior agreement with Fund. To break this front would result in avalanche of demands for balance of payments loans which would divert limited public resources from economic development".

Nota nº 82: "We should realize that Brazil's financial record is not quite as bad as it has often been pictured. For example, in Washington I heard a good deal of talk about the "billion dollars in balance of payments help which Brazil has received since 1953." In point of fact, the net balance of payments help has been barely half of this and a good deal of the gross has actually been paid. Thus, nearly two-thirds of the $300, 000, 000 which Brazil borrowed in 1953 has been repaid. There has as yet been no default on Brazil's obligations. Herbert May, our Treasury Attaché, prepared some figures for us on total foreign loans and repayments from 1953 to 1958 which showed a heavy deficit only in the last year; until then, income approximately balanced outgo. Brazil has sharply curtailed imports, particularly of luxury items; more drastic curbs would cut into essentials or development. Brazil's balance of payments problem has been only partly due to extravagance, and it has been in very substantial measure due to heavy short term maturities. (Of course, this is not to deny Brazil's need to take the measures necessary to expand its exports, particularly in the face of the probable continuation of decline in world coffee prices)".

Arquivos consultados

AEL – Arquivo Edgard Leuenroth: Arquivos Diplomáticos Estrangeiros sobre o Brasil

- *Records of the Department of State Relating to Internal Political and National Defense Affairs of Brazil – 1955-1959 – NARA (The U.S. National Archives Records Administration)*
- *Records of the U.S. Department of State Relating to Internal Affairs of Brazil – 1960-1963 – NARA (The U.S. National Archives Records Administration)*

Arquivos oficiais disponíveis no sítio da CIA na internet: http://www.foia.cia.gov (*Freedom of Information Act Electronic Reading Room – Central Intelligence Agency– CIA*)

Arquivos oficiais disponíveis no sítio do Departamento de Estado norte-americano na internet, denominados de FRUS (*Foreign Relations of the United States*). Disponíveis em: <http://www.history.state.gov>.

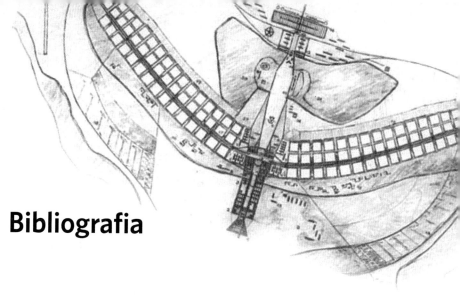

Bibliografia

ABREU, Marcelo de Paiva Abreu (Org.). *Ordem do Progresso*: Cem Anos de Política Econômica Republicana 1889-1989. Rio de Janeiro: Campus, 1992.

ADJUSTMENT and financing in the developing world: the role of the International Monetary Fund. Co-autoria de Tony Killick. Washington, D. C.: Published by the International Monetary Fund in association with the Overseas Development Institute, 1982.

ALBUQUERQUE, José Augusto Guilhon (Org.). *Sessenta anos de política externa brasileira (1930-1990)*. São Paulo: Cultura, 2 volumes, 1996.

ALMEIDA, Paulo Roberto. *O Brasil e o FMI de 1944 a 2002*: um relacionamento feito de altos e baixos. Disponível em: <http://www.anpuh.uepg.br/historia-hoje/vol1n1/brasilfmi.htm>. Acessado em: 1º de maio de 2009.

ARANTES, Aldo. *O FMI e a nova dependência brasileira*. São Paulo: Alfa Omega, 2002.

ARRIGHI, Giovanni. *O longo seculo XX*: dinheiro, poder e as origens de nosso tempo. Rio de Janeiro, RJ; São Paulo, SP: Contraponto: Editora da Unesp, 1996, c1994.

ARTICLES of agreement of the International Monetary Fund. Washington, D.C.: FMI, 1985.

BAER, Monica. *A internacionalização financeira no Brasil*. Petrópolis, RJ: Vozes, 1986.

BAILY, Samuel L. *The United States and the development of South America, 1945-1975*. New York: New Viewpoints, 1976.

BANDEIRA, Moniz. *Brasil-Estados Unidos:* a rivalidade emergente (1950-1988). Rio de Janeiro: Civilização Brasileira, 1989.

_____. *Conflito e integração na América do Sul:* Brasil, Argentina e Estados Unidos (da Tríplice Aliança ao Mercosul) 1870-2003. 2. ed. Rio de Janeiro: Revan, 2003.

_____. *Presença dos Estados Unidos no Brasil*. Rio de Janeiro, RJ: Civilização Brasileira, [1973] 2007.

_____. *Relações Brasil-EUA no contexto da globalização*. São Paulo: Ed. Senac, 1998.

BALABAN, Daniel Silva. *O Brasil e o Fundo Monetário Internacional*: Uma análise das várias fases de seu relacionamento sob a luz dos jogos de dois níveis. *Revista Cena Internacional*. Brasília. n. 1, p. 63-99, Jul. 2002.

BARBOZA, Mário Gibson. *Na Diplomacia, o Traço Todo da Vida*. Rio de Janeiro: Record, 1992.

BASTOS, Pedro Paulo Zahluth. "O presidente desiludido: a campanha liberal e o pêndulo de política econômica no governo Dutra (1942-1948)". *História Econômica & História de Empresas*, São Paulo, v. VII, n. 1, p99-135, jan./jun. 2004.

BASTOS, Pedro Paulo Zahluth; BELLUZZO, Luis Gonzaga de Mello (orient.). *A dependência em progresso:* fragilidade financeira, vulnerabilidade comercial e crises cambiais no Brasil (1890-1954). 537 p. Tese (doutorado) – Universidade Estadual de Campinas, Instituto de Economia, Campinas, SP, 2001.

BELLUZZO, L. G. & COUTINHO, L. (1979), "O desenvolvimento do capitalismo avançado e a reorganização da Economia mundial no pós-guerra". Estudos CEBRAP, nº 23, SP.

BENEVIDES, Maria Victoria de Mesquita (autor). *Desenvolvimento econômico e estabilidade política*: o governo Kubitschek, 1956-1961. 1975.

BERGSTEN, C. Fred; CLINE, William R (co-aut.); WILLIAMSON, John (co-aut.). *FMI e países em desenvolvimento:* políticas e alternativas. Rio de Janeiro: Nórdica, c1985.

BERNI, Duílio de Ávila. *Técnicas de Pesquisa em Economia*: Transformando curiosidade em conhecimento. São Paulo: Saraiva, 2002.

BOJUNGA, Claudio (autor). *JK*: o artista do impossível. Rio de Janeiro, RJ: Objetiva, 2001.

CALDAS, Ricardo W. *A política externa do governo Kubitschek.* Brasília: Thesaurus, 1995.

CAMPOS, Fabio Antonio de (autor); SAMPAIO JUNIOR, Plínio Soares de Arruda (orient.). *A arte da conquista*: o capital internacional no desenvolvimento capitalista brasileiro (1951-1992). 2009.

_____. *Estratégias de desenvolvimento nacional*: o papel do capital estrangeiro entre o segundo governo Vargas e o governo Castelo Branco (1951-1966). 2003.

CAMPOS, Roberto de Oliveira. *A lanterna na popa – memórias.* 4. ed. Rio de Janeiro: Topbooks, 2001.

CAPITALISM and the State in U.S.-Latin American relations. Co-autoria de Richard R Fagen, Cynthia Arnson. Stanford, Calif.: Stanford Univ, 1979.

CARDOSO, Miriam Limoeiro (autor). *Ideologia do desenvolvimento Brasil*: JK-JQ. 2. ed. Rio de Janeiro: Paz e Terra, 1978.

CERVO, Amado; BUENO, Clodoaldo. *História da Política Exterior do Brasil.* Brasília: Editora UnB, 2002.

COHEN, Benjamín J. *La organización del dinero en el mundo:* la economía política de las relaciones monetarias internacionales. Mexico, D. F.: Fondo de Cult. Económica, 1984.

COUTINHO, Luciano Galvão; DAVIS, Tom E. *The internationalization of oligopoly capital.* Cornell: Cornell Univ., 1975.

DE VRIES, Margaret Garritsen. *Balance of payments adjustment, 1945 to 1986: the IMF experience.* Washington, D.C.: International Monetary Fund, 1987.

DICIONÁRIO histórico-biográfico brasileiro: pós-1930. Coautoria de Israel Beloch, Alzira Alves de Abreu. 2. ed. Rio de Janeiro, RJ: Editora FGV, 2001.

DULLES, John W. F. *Unrest in Brazil: political-military crises 1955-1964.* Austin: University of Texas Press, c1970.

DURLAUF, Steven N. e BLUME, Lawrence E. *The new Palgrave dictionary of economics.* 2. ed. NewYork: Palgrave Macmillan, 2008.

EL FMI, el Banco Mundial y la crisis latinoamericana. México, D.F.: Siglo Veintiuno, 1986.

FASSY, Amaury. *Brasil:* do FMI ao caos. São Paulo: Global, c1984.

FAUSTO, Boris. *História do Brasil.* São Paulo: Edusp/Imprensa Oficial, 2002.

FICO, Carlos (org.) *et al. Ditadura e democracia na América Latina:* balanço histórico e perspectivas. Rio de Janeiro: FGV, 2008.

FICO, Carlos. *O grande irmão:* da operação Brother Sam aos anos de chumbo: o governo dos Estados Unidos e a ditadura militar brasileira. 2. ed. Rio de Janeiro: Civilização Brasileira, 2008.

FMI X Brasil: a armadilha da recessão. Co-autoria de Adroaldo Moura da Silva. [São Paulo]: Gazeta Mercantil, 1983.

FURTADO, Celso. *Formação econômica do Brasil.* 15. ed. São Paulo, SP: Comp. Ed. Nacional, 1977.

_____. *A hegemonia dos Estados Unidos e o subdesenvolvimento da América Latina.* 3. ed. Rio de Janeiro: Civilização Brasileira, 1978.

_____. *A pré-revolução brasileira.* 2. ed. Rio de Janeiro, RJ: Fundo de Cultura, 1962.

GIL, Antonio Carlos. *Técnicas de Pesquisa em Economia.* São Paulo: Atlas, 1988.

GILPIN, Robert. *U.S. power and the multinational corporation*: the political economy of foreign direct, investment. New York, NY: Basic, c1975.

GREEN, David (autor). *The containment of Latin America*: a history of the myths and realities of the good neighbor policy. Chicago: Quadrangle, 1971.

GREMAUD, Amaury P.; VASCONCELLOS, Marco Antonio S.; TONETO Jr., Rudinei. *Economia Brasileira Contemporânea*. 3. ed. São Paulo: Atlas, 2002.

GRIFFITH-JONES, Stephany. *International finance and Latin America*. New York: St. Martin's Press, 1984.

GRUPO MISTO BNDE-CEPAL – *Análise de projeções do desenvolvimento econômico*. Rio de Janeiro, BNDE, 1957.

HAYTER, Teresa. *Aid as imperialism*. Harmondsworth: Penguin, 1971.

HIRST, Mônica. O período 1945-1964: O mundo da Guerra Fria. *História da Diplomacia Brasileira*. Disponível em: <http://www2.mre.gov.br/acs/diplomacia/portg/h_diplom/menu_hd.htm>. Acesso em: 1º de junho de 2007.

HOBSBAWM, Eric. *A Era dos Extremos*. 2. ed. São Paulo: Companhia das Letras, 1995.

IANNI, Octavio. *Estado e Planejamento Econômico no Brasil*. 6. ed. Rio de Janeiro: Civilização Brasileira, 1996.

KUBITSCHEK, Juscelino (autor). *A marcha do amanhecer*. São Paulo, SP: Bestseller, 1962.

LAFER, Celso (autor). *JK e o programa de metas (1956-1961):* processo de planejamento e sistema político no Brasil. Rio de Janeiro: Editora FGV, 2002.

LE GOFF, Jacques. *História e Memória*. Campinas: Editora Unicamp, 1990.

LEOPOLDI, Maria Antonieta Parahyba. *Política e interesses na industriliazação brasileira:* as associações industriais, a politica economica e o estado. São Paulo, SP: Paz e Terra, 2000.

LESSA, Antonio Carlos; ALTEMANI, Henrique. (Orgs.) *Relações Internacionais do Brasil: temas e agendas*. São Paulo: Saraiva, 2006.

LESSA, Carlos (autor). *Quinze anos de política econômica.* 2. ed. São Paulo: Brasiliense, 1981.

LICHTENSZTEJN, Samuel; BAER, Mônica (co-aut.). *Fundo Monetário Internacional e Banco Mundial:* estratégias e políticas do poder financeiro. São Paulo: Brasiliense, 1987.

LOS traficantes de la pobreza: el Fondo Monetario Internacional y América Latina. Co-autoria de Felipe Escobar, Gabriel Iriarte. 3 ed. Bogota: Ancora, 1985.

MANKIW, Gregory N. *Introdução à economia:* princípios de micro e macroeconomia. 2. ed. Rio de Janeiro: Elsevier, 2001.

MANKIW, Gregory N. *Macroeconomia.* Rio de Janeiro: LTC, 1995.

MARTINS, Luciano (autor). *Nação e corporação multinacional:* (a política das empresas no Brasil e na América Latina). Rio de Janeiro: Paz e Terra, 1975.

MASON, Edward Sagendorph; ASHER, Robert E. (co-aut.). *The World Bank since Bretton Woods:* the origins, policies, operations, and impact of The International Bank for Reconstruction and Development and the other members of the World Bank Group, The International Finance Corporation, The International Development Association, The International Centre for Settlement of Investments Disputes. Washington, D.C.: The Brookings Institution, c1973.

MICHALET, Charles Albert. *O capitalismo mundial.* Rio de Janeiro, RJ: Paz e Terra, 1984.

MILLET, Damien; TOUSSAINT, Eric. *50 perguntas 50 respostas*: sobre a dívida, o FMI e o Banco Mundial. São Paulo: Boitempo, 2006.

MOURA, Gerson (autor). *Sucessos e ilusões: relações internacionais do Brasil durante e após a Segunda Guerra Mundial.* Rio de Janeiro: Ed. da Fundação Getulio Vargas, 1991.

_____. *Tio Sam chega ao Brasil:* a penetração cultural americana. São Paulo: Brasiliense, 1984.

OLIVEIRA, Gesner. *Brasil-FMI:* Frustrações e Perspectivas. São Paulo: Bienal, 1993.

PARKER, Phyllis R. *Brasil y la intervención silenciosa, 1964.* México, D.F.: Fondo de Cult. Económica, c1993.

PAYER, Cheryl. *The debt trap:* the IMF and the Third World. New York: Monthley Review Press, c1974.

PINSKY, Carla Bassanezi (org.); BACELLAR, Carlos. *Fontes Históricas.* 2. ed. São Paulo: Contexto, 2006.

POULANTZAS, Nicos Ar. *Poder político e classes sociais.* São Paulo, SP: Martins Fontes, 1977.

RABE, Stephen G (autor). *Eisenhower and Latin America:* the foreign policy of anticommunism. ChapelHill ; London: Univ. of North Carolina, c1988.

RECESSÃO ou crescimento: o FMI e o Banco Mundial na América Latina. Co-autoria de Edmar Lisboa Bacha. Rio de Janeiro: Paz e Terra, 1987.

RELAÇÕES Brasil-Estados Unidos: assimetrias e convergencias. Coautoria de Paulo Roberto de Almeida, Rubens Antonio Barbosa. São Paulo: Saraiva, 2006.

RIBEIRO, Casimiro Antônio. Casimiro Ribeiro I (depoimento, 1975/1979). Rio de Janeiro, CPDOC, 1981. 121 p. dat.

ROTHBERG, Danilo. *O FMI sob ataque:* recessão global de desigualdade entre as nações. São Paulo: Ed. Unesp, 2005.

RUTHERFORD, Donald. *Routledge Dictionary of Economics.* 2. ed. London, New York: Routledge, 2002.

SANDRONI, Pedro (org.). *Novíssimo dicionário de economia.* 9. ed. São Paulo: Editora Best Seller, 2002.

SERRA, José. Ciclos e mudanças estruturais na economia brasileira do pós-guerra. In: BELLUZZO, L. G. M.; COUTINHO, R. (org.). Desenvolvimento capitalista no Brasil: ensaios sobre a crise. 4. ed. Campinas: Unicamp, 1998.

SCHILLING, Voltaire. *EUA x America Latina*: as etapas da dominação. Porto Alegre, RS: Mercado Aberto, 1984.

SILVA, Benedicto (org.). *Dicionário de Ciências Sociais*. 2. ed. Rio de Janeiro: FGV, 1987.

SINGER, P. Interpretação do Brasil: uma experiência histórica de desenvolvimento. In: HISTÓRIA geral da civilização brasileira. Coautoria de Sérgio Buarque de Holanda, Pedro Moacyr Campos, Boris Fausto. São Paulo: Difel, 1986.

SKIDMORE, Thomas E. (autor). Brasil: de Getúlio Vargas a Castelo Branco (1930-1964). 14. ed. São Paulo, SP: Paz e Terra, 2007.

SOCHACZEWSKI, Antonio Claudio. *Desenvolvimento econômico e financeiro do Brasil: 1952-1968*. 1993.

TAVARES, Maria da Conceição de Almeida. *Acumulação de capital e industrialização no Brasil*. Campinas, SP: Unicamp, 1985.

_____. *Da Substituição de Importação ao Capitalismo Financeiro:* ensaios sobre economia brasileira. 11. ed. Rio de Janeiro: Zahar, 1983.

TAVARES, M. da C.; FAÇANHA L. O.; POSSAS M.L. Estrutura Industrial e Empresas Líderes. FINEP, 1978.

THE international monetary fund and the world economy. Co-autoria de Graham R Bird, Dane Rowlands. Cheltenham, UK: Edward Elgar, 2007. 2v.

THE International Monetary Fund, 1945-1965: twenty years of international monetary cooperation. Co-autoria de J. Keith (John Keith) Horsefield. Washington, D.C.: International Monetary Fund, 1969, reimp. 1972. 3v.

WAGNER, R. Harrison. *United States policy toward Latin America:* a study in domestic and international politics. Stanford, Calif.: Stanford University Press, c1970.

Anexo

SECRET

ADDENDUM

May 15, 1958.

Brazil-IMF Talks

As a result of a request by Mr. Jacobsson, Managing Director of the IMF, for Mr. Southard's views on the differences between the Brazilians and the Fund's staff, an informal meeting of the NAC staff was held to discuss this matter. The consensus of all agencies concerned was that the Brazilian program is inadequate, especially in the foreign exchange area. Mr. Southard was instructed to say to Mr. Jacobsson that while we agree that the Brazilian proposal is not satisfactory Mr. Jacobsson should consider taking those compromise measures which the latter believes can make the program successful.

SECRET

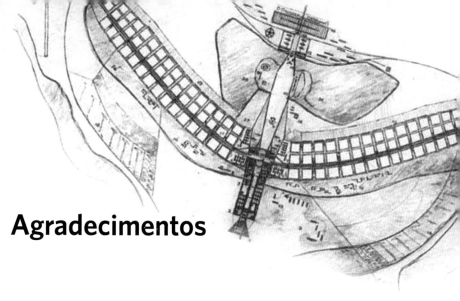

Agradecimentos

Em primeiro lugar, gostaria de agradecer a minha esposa e companheira, Maria Lúcia Enrich Young, que sempre esteve ao meu lado, apoiando paciente e incondicionalmente o trabalho que me propus a fazer e a meus filhos, Beatriz e Rafael, que muitas vezes tiveram que esperar o pai chegar tarde da noite para poderem vê-lo. Em segundo lugar, a meus pais, que sem seu apoio familiar tudo seria muito mais difícil.

Agradeço a meu orientador, Pedro Paulo Zahluth Bastos, pelo grande apoio intelectual à realização da pesquisa e à ideia de publicá-la na forma de livro.

Agradeço especialmente ao amigo leal, Ulisses Rubio, que muito me ajudou neste intento com suas ideias, indicações bibliográficas, frequentes debates e revisões de texto. Aos meus grandes amigos Bruno Marchetto, Pedro Henrique Evangelista, Caroline Pereira, Patrícia Andrade, Armando Fornazier, Lidiany de Oliveira, Diego Campos, Lucas Andrietta, Valter Palmieri, Lygia Fares, Pedro Miranda, Régis Oliveira, Francisco do Ó Lima Jr., Ana Elisa Moro, Ana Luiza Matos Oliveira, Fábio Pádua, Leonardo Nunes, Paulinha Colombi, Henrique Braga, Daniel Pereira, Rafael Silva, Paulo Ricardo Oliveira, Hugo Correa, Vanessa Jurgenfeld, Franco Villalta, Maurício Espósito, Thiago Franco, Gustavo Zullo, Marcos Tavares, Marcos Bittar, Luziene Dantas, Beatriz Saes, Silas Silva, Beatriz Mioto, Paula Bernasconi, Carlos Rodrigues, além daqueles que, obviamente, por falha da memória, aqui não mencionei, mas sempre estiveram ao meu lado, apoiando e trabalhando juntos no Instituto de Economia.

Sou também agradecido ao pessoal da Revista Leituras de Economia Política, da Unicamp, aos grandes amigos do Centro de Documentação Lucas Gamboa, assim como aos professores e funcionários do Instituto de Economia da Unicamp.

Gostaria de lembrar, da mesma maneira, do apoio recebido pela diretoria da Biblioteca Octávio Ianni do Instituto de Filosofia e Ciências Humanas (IFCH) da Unicamp na compra dos arquivos diplomáticos norte-americanos referentes ao Brasil dos anos 1960 a 1963 e da atenção que recebi do pessoal do Arquivo Edgard Leuenroth no manuseio desse material.

Agradeço enormemente à Alameda Casa Editorial, assim como à Fundação de Amparo à Pesquisa do Estado de São Paulo (Fapesp) por financiarem por completo esta obra. Da mesma maneira agradeço à Enrich Traduções Técnicas pelo apoio na tradução dos documentos utilizados nesta obra. Por fim, não posso deixar de lembrar do suporte financeiro recebido por meio de bolsas de estudo do Conselho Nacional de Desenvolvimento Científico e Tecnológico (CNPq), nos dois primeiros anos de estudo, e do Centro Internacional Celso Furtado de Políticas para o Desenvolvimento no último ano de trabalho.

Esta obra foi impressa em São Paulo pela Graphium no outono de 2016. No texto foi utilizada a fonte Adobe Garamond Pro em corpo 10,5 e entrelinha de 15 pontos.